エホバの証人（ものみの塔）

輸血拒否宗教、その狂気の構造

内藤 正俊
Naito Masatoshi

風詠社

＊本書は、青村《せいそん》出版社より1986年7月20日に発行された同名の書籍を改編し、再発行したものです。

まえがき

ブタはパンだけでも生きられるだろう。だが、人はパンだけで生きておれるものではない。人は生きている。生きている限り何かを信じている。信じることなしに人は生きていけないからである。その信じる対象が超自然のものである時、あるいはその対象が尋常のものであってもその信じ方が超自然的であれば、人はそれを宗教と呼ぶ。

それが超自然なるがゆえに常識を超越する。超越するゆえに、常識では、あるいは科学的には説明できないような奇跡が起こる。絶望的な状態に置かれていた人が救われ立ち上がり、全く生まれ変わったようになって、常識ではとても考えられないような働きすらするようになる。それは対象の神が偉大である場合と、信じる人間の持つ精神の底知れない力が湧き出すかのどちらかで起こる。

世間にはよく「信じるのはよいが、ほどほどにせよ」というもっともらしい説教をたれる人もいる。だがそういう人は宗教に対し全く無知なだけでなく、信仰のもたらすダイナミックな異次元の体験も味わえない不幸な人である。実は信仰の狂気は、それが狂気なるがゆえに人を救う。病を癒す薬には多くの副作用というものがあって、反面毒である。だが毒ゆえに効くのである。

火事場の馬鹿力というのがある。火事の真最中には、か弱い女性がタンスなどの重たい家具を運び出す。それで、火事が終わって類焼をまぬがれ、ホッとして、さてイザそれを部屋に戻そうと思っても、持ち上げることすらできない。もちろん戻すことはとうてい無理。それで、普段なら動かすこともできないような重たいものを火事の際に運び出せた不思議な力に驚くことがある。

信仰とは、まさにこういう人間の底力を取り出す働きをする。だが、それが狂気なるがゆえに、一つ間違えると超自然的であるゆえに常軌を逸し、狂気が一人歩きし始める。劇薬が激毒になる。エホバの証人、即ちものみの塔の信者が自分の子の輸血を拒否し、生きるところをむざむざ殺すというようなことがそれである。

信仰という「人を生かす」はずのものが人を殺す。子を持つ親としての自然な感情を押し殺して、日頃彼らの言っていた信仰の原則を優先させたことから、これが起ったのである。人の親としての自然な感情は神が与えたものである。だが誤った信仰のドグマは、それをすら「悪魔より来るもの」とするのである。

もちろん彼らは自分の信じるものだけが正しいと思っている。だがこういう事件が起きると、何かどこかおかしいのではないか、と感じる人も多いのではないだろうか。

聖書の真理は、そのまま人間に流れてくるわけではない。そこに人間の解釈というものが入る。むろん神ならざる人には、誤りというのがある。「ものみの塔」の刊行物を書く幹部指導者であっても人間のはず。だから、彼らにも誤りというものがあって然るべきだろう。だが、エホバの証人の人々はそれすら認めず、「絶対に自分たちの信じる教えは正しい」と主張される。その辺のところからして、この宗派の独善的な誤りが顔を出しているとしか思えない。

私も愚かな人間の一人、誤るところが多々あるだろう。だが誤っているにせよ、それが普通の日本人なら皆感じるであろう疑問を取り上げ、また私なりに正しいと思える解決を試みたつもりである。

エホバの証人の己が正しいとする根拠は聖書本文にある。聖書に合っておれば正しく、合わなければ間違いである。そういう意味ではものさしが同じだから、どちらの言うことが正しいか判定しやすい。本当を言うと私は、エホバの証人が異端だとか間違っているという言い方はしたくない。ダイヤにはダイヤの良さがあり、ガラスはガラスの良さがある。いけないのは、ガラスをもってダイヤだという嘘である。

羊頭狗肉というのがある。羊の頭を看板に出しながら実際は狗の肉を売るという、それである。看板に偽りありということである。私はそういう偽りを問題にしたい。キリスト教だといってその実質はユダヤ教だったり、神様だというが実はタヌキだったりする。私はそういう嘘を問題にしたい。

ものみの塔、即ちエホバの証人の問題点を調べれば調べるほど、彼らを切っているつもりがなんとこちらのほうも大分切られていると気づく。異端への攻撃は、正統と称する伝統教会をも切らざるを得ないのである。異端攻撃は両刃の剣なのである。

残念ながら、伝統プロテスタント教会はやはり聖書に根拠を置いているというより、カトリック教会と同じく伝統に権威の淵源がある。それがまさに教会の罪、パン種《だね》である。これが除かれない限り、エホバの証人への攻撃は藪へビになり、中途半端で生ぬるい欺瞞《ぎまん》にならざるを得ないのである。

この地上には、永遠の都はない。きたらんとする都こそ、わたしたちの求めているものである。（ヘブル人への手紙／一三章一四節）

この言葉のように地上に完全な都はないということは、完全な教会はないということである。だから完璧を求めてあてどなく彷徨うのは愚かと言うしかない。また、私の指摘によって教会生活を止めるようなことのないように願いたい。人はどの宗派に所属するかによって救われるのではなく、どれだけ神につながっているかで救いが決まるからである。

あなたがたもわたしにつながっていなければ実を結ぶことができない。……わたしの愛のうちにいなさい。（ヨハネによる福音書／一五章四、九節）

一九八六年 早春　牧師 内藤正俊

エホバの証人（ものみの塔）

輸血拒否宗教、その狂気の構造

目次

第一章　輸血拒否

あなたがたは、どんな肉の血も食べてはならない。すべて肉の命はその血だからである。すべて血を食べる者は断たれるであろう。

レビ記／一七章一四節

血を拒む

「生きたいよう、死にたくない！」という血まみれの息子の叫びにも、両親は心が動揺することなく平静だった。

聖マリアンナ医科大学病院の医師団が、何十回も輸血を勧めたにかかわらず、輸血を断固拒否する。そのため、救急隊員が全治一か月と言ったのに約五時間で死んでしまった。

鈴木大君、享年一〇歳であった。この少年の不幸は、両親が「エホバの証人」というアメリカ渡来の新興宗教の信者であったことに、その原因がある。

昭和六〇年六月六日、四時三五分頃、川崎市高津区で大型トラックが自転車に乗った子供を引いた。両足骨は肉を破って飛び出していた。だが、子供の意識ははっきりしている。それがこの悲劇を生んだのだ。子供は自分と父親の名を名乗ることができた。……それゆえに、手術一〇分前に両親がかけつけて、前代未聞の事件が起きたのである。

親たちは「輸血しないで何とか治療を頼む」と言い出したのである。医師にとって、これほどの無理難題はない。交通事故で大量出血しているのに、輸血しないで手術できるものではない。

こうして彼らの目の前で、普通なら助かるはずの子供の生命の灯火が消えていったのである。医師としてはどんなに無念だったろう。そしてその思いは、親に見捨てられ死の苦しみにもだえる子供のほうが強かったろう。

大君は救急隊員に尋ねられた時、自分の幼い命の最期の拠り所として父親の名を呼んだはずである。そういう時、彼は自分が「ものみの塔の信者の家族である」という意識を持ったとは思わない。ただ純粋に、親子の自然な愛情と信頼をもって父親の名前を言ったはずである。

だが父は、親子の自然な感情より前に「ものみの塔の信者である」という意識を優先した。子供の信頼と期待に応えなかったのである。いや、応えられなかったと言ったほうが正解かもしれない。

事故の凶報を聞いて、両親がかけつけた時点では、輸血は止めて下さいといっても、それは建前であって、本音は輸血して下さいという思いで一杯であったはずである。人の子の親なのだから。そうするうちに、エホバの証人と名乗る信者仲間が、どこで事故のことを聞き付けたのかどんどん増えていき、待合室一杯になった。

大君の両親としては、わが子を助けたい気持ちから、輸血をして下さいという気持ちが半分、信者仲間の持っている信条から「血を拒む」という建前に生きたいという思いが半分あって、このどちらを選ぶか非常に迷ったに違いない。

この時、エホバの証人の仲間が来ていなければ、いくら何でも子供の悲痛な叫びと医師の説得を拒み続けることはできなかったであろう。何しろ彼らは常日頃から、本音を殺して建前に生きることを正しいと信じ、そう訓練づけられている。だから、ここで「建前で生きろ、本音で行動するのは卑怯だぞ」と叫ぶ外野の無言の声が大きければ、それに応えざるを得ない。

両親は医師団と警察に何かを言われる度に、エホバの証人仲間に相談に行っている。そして帰ってきては、「できません」と言う。そんなことを何度か繰り返しているうちに、大君の命の灯火は消えてしまった。

すると、エホバの証人の指導者が立ち上がって両親夫婦に厳かに宣言する。「聖書の通りに意志を貫いて大変立派でした」と。医師団は、ただ唖然とするばかりである。

とそこに事件が事件だけに、殺人容疑の可能性もありと刑事がやって来た。夫婦だけでなく、ものみの塔の指導者らからも事情聴取がなされたのである。その間、エホバの証人仲間らは誰も帰らずじっと待っていた。

一時間半ほど過ぎたろうか、事情聴取が終わって出てきた両親は仲間一人一人に「ありがとう」と握手してから、伝道士と肩を抱き合いながら出ていった。

それに、また葬式が不可解。葬儀は彼らの集会場である王国会館で、しめやかにではなく賑やかに行われた。中は講演会場という感じで、いわゆる教会の雰囲気はなく、十字架も、祭壇も、大君の遺骨もない。わずかに、正面に「自分の奉仕の勤めを十分に果たしなさい」という聖書の言葉が書かれた横パネルがかけてあるだけである。

式は、歓迎の挨拶に始まって、賛美歌、葬儀の説明があり、慰めの手紙が披露される。内容は「今回の事故の態度が立派だったこと」「鈴木夫婦の信仰が全うされたことへの讃辞」などが紹介される。そして、その都度大きな拍手が沸く。何とも奇妙な葬儀である。

次に父親の鈴木さんが挨拶に立つ。「大は必ず復活します。将来も私たちは大とともにあるのです」と語る。するとまた大拍手。こうして讃美歌が歌われて一時間半後に終了。会場出口ではエホバの証人の仲間らは、前にもましてにこやかに握手をかわして別れていった。

むろん葬儀は、なにもことさらメソメソする事もない。だが、いくら復活するといっても故人との別れは悲しいはず、それを拍手で取り繕う異常さには、常人はついていけない。ではこういう場合、彼らの行動規範の唯一の根拠としている聖書には、どう記されているのか。使徒時代、最も純粋な信仰を持っていた人々もやはり、仲間が死んだ時、泣き悲しんでいる。決して拍手などしていない。

するとやもめたちがみんな彼のそばに寄ってきて、ドルカスが生前つくった下着や上着の数々を、泣きながら見せるのであった。(使徒行伝／九章三九節)

生命の尊厳

ものみの塔の輸血拒否事件、……こういう類似のトラブルはこの派の進展にしたがって日本でも最近各地で起きている。例えば本書を執筆中にも読売新聞夕刊に「信仰の息子、輸血を拒む」という題で、親子で裁判沙汰が起きていることを報じている。それによると、次のようにある。

大分市内の会社員（三四歳）は昨年秋、左太モモの骨の難病にかかり、大分医科大付属病院で「早急に左脚全部を切断しないと生命が危険」と診断された。ところが、会社員はエホバの証人の信者で、切断手術は了解したものの、輸血を拒否したため、病院側は手術ができず、現在、放射線療法や化学療法などの治療で生命をつないでいる。

……………両親はこの事実を知り、説得したが応じないため、「輸血拒否は自殺行為と同じで、正常な判断力を欠いているとみられる。親としては子供の生命、健康を擁護する権利がある」として同七月二〇日、同地裁に息子に代って輸血を了解できるとの仮処分を申請。……………（一二月一一日の読売新聞夕刊）

こういう記事がよく見られるということは、今後どんどんこういう悲惨なケースが増えるということだろう。

では、輸血について聖書はどう述べているか。単に血に関してはというと四〇〇以上の箇所で書かれている。聖書の初め創世記を見ると、ノアの洪水の後がそうである。

すべて生きて動くものはあなたがたの食物となるであろう。さきに青草をあなたがたに与えたように、わたしはこれらのものを皆あなたがたに与える。しかし肉を、その命である血のままで食べてはならない。あなたがたの命の血を流すものには、わたしは必ず報復するであろう。いかなる獣にも報復する。兄弟である人にも、わたしは人の命のために、報復するであろう。（創世記／九章三節〜五節）

ここで初めて「血を食べてはいけない」とある。その理由は、血が命を表しているからである。神は生命の尊厳を教えるために、血を肉と一緒に食べるなと言っておられるようである。それは続いて「血を流すものには、報復するとある」からである。血を食べることは血、即ち命を奪うこととつながる。

洪水の前までは「わたしは全地のおもてにある種をもつすべての草と、種のある実を結ぶすべての木とをあなたがたに与える。（創世記／一章二九節）」とある。だから肉も食べてはいけなかった。動物も殺すことは禁じられたようである。だが洪水の結果、人間が減ったので早く増えるために肉食を認められたようである。ただし、むやみやたらに殺してはいけないということをわからせる意味で「血を飲むな」と言われたに違いない。

だからここに「血、即ち命を大切にせよ」という意味がある。ということは、輸血することで人の命が救われるなら大いに輸血すべきであろう。前後の文をよく検討するなら、これは血を飲むこと、食べること自体がいけないというより、殺人がいけないということなのであろう。

愛がすべて

イエスは、民をオキテで縛り上げようとしていた当時のユダヤ教の指導者と激しく対立した。それは彼らが、枝葉末節にこだわり、本末転倒の論理に囚われて何でも拡大解釈したことにある。その代表が安息日の問題であった。「休みの日は何のわざをもしてはならない」を四角四面に厳密に解釈して、病気の治療さえ禁じたのである。それでイエスは言われる。

自分のむすこか牛が井戸に落ち込んだなら、安息日だからといって、すぐに引き上げてやらない者がいるだろうか。（ルカによる福音書／一四章五節）

戒めとか法律の類のものは本来、人の幸せのためにあるはずである。だからそれが制定された意味、理由をその淵源に遡って理解した上でその戒めを守ることでないと、逆に人をただ縛りつけるだけのナワになってしまう。

人を幸せにするはずのものが人を不幸にする。休みの日の規定も同じである。だからイエスは言う。

安息日は人のためにあるもので、人が安息日のためにあるのではない。（マルコによる福音書／二章二七節）

これらの言葉は、そのまま輸血にも言える。即ち、自分の息子や娘が交通事故に遭って出血多量の場合、血を食べてはいけないからといって、すぐ輸血しない者がいるだろうか。血の禁止は人のためにあるので、人が血の禁止のためにあるのではない。

戒律とか決まりとかいう法律に類する成文化されたものは、状況の変化や当事者の個性や能力を無視する。そしてその適用を誤れば、その存在目的に反するものになる場合すら出てくる。だから決して万能ではない。だからイエスは言われる。

「心をつくし、精神をつくし、思いをつくして、主なるあなたの神を愛せよ」。これがいちばん大切な、第一のいましめである。第二もこれと同様である、「自分を愛するようにあなたの隣り人を愛せよ」（マタイによる福音書／二二章三七より三九節）

このように、一番大切なのは愛である。だからパウロも言う「愛は律法を完成するものである（ローマ人への手紙／一三章一〇節）」と。間違えてはいけない。律法（戒めなど）の下に愛があるのではない。愛の下に律法があるのである。イエスの戦いは、まさにここにある。イエスは捕えられ、処刑される前に言われる。

わたしのいましめは、これである。わたしがあなたがたを愛したように、あなたがたも互いに愛し合いなさい。人がその友のために自分の命を捨てること、これよりも大きな愛はない。（ヨハネによる福音書／一五章一二、一三節）

そのイエスの言葉のように、友を生かすために自分の命を提供することは、最高の愛の行いである。血は命である。それだから、患者を救うために愛の実践として血を提供することは、自分の命の一部を捨てることであるゆえに、称賛されるべきことであるはず。

枝葉末節にこだわれば、当然軽重が逆転する。すると本末転倒の愚を犯すことになり、人のための律法が「律法のために人がいる」ようになる。人間を生かすはずのものが人間を殺すようになる。手段が目的になり、目的が手段になる。

イエスはこういう当時のユダヤ社会の有り様に対し、公然と挑戦されたのである。それゆえに殺されたのである。それは、神は唯一のはずなのに、もう一人いる。神の息子が神の代理をして神のように振る舞ってもよいはずなのに、そういう神の子の有り方をどうしても認めることができない。心に余裕のないコチコチの考え方をしていたからである。

これはちょうど、「血は食べてはいけない」という戒めを、四角四面に解釈して息子を見殺しにした人々と似ているではないか。

輸血は移植

ところで聖書の初めのところ（創世記九章三〜五節、本書一六頁参照）から血を飲むなとあり、次のモーセにより与えられた律法にも血を食べるなとある。

イスラエルの家の者、またはあなたがたのうちに宿る寄留者のだれでも、血を食べるならば、わたしはその血を食べる人に敵して、わたしの顔を向け、これをその民のうちから断つであろう。肉の命は血にあるからである。あなたがたの魂のために祭壇の上であがないをするため、わたしはこれをあなたがたに与えた。血は命であるゆえにあがなうことができるからである。（レビ記／一七章一〇、一一節）

血は食べるためにあるのではなく、あがなうためにある。即ち罪の結果死ぬようになった人を救うためにある。だからキリストは「人の子の肉を食べず、また、その血を飲まなければ、あなたがたの内に命はない（ヨハネによる福音書／六章五三節）」と言われ、十字架で血を流したのである。

これは比喩であるが、レビ記のあがないの規定は、まさにキリストの十字架を指している。十字架によって「彼は、後のものを立てるために、初めのものを廃止されたのである（ヘブル人への手紙／一〇章九節）」とあるように、律法の終わりとなられた。

だから、もはや律法に記される規定はキリストによって成就されたので、キリスト信者は「愛のいましめ」だけに束縛される。即ち律法を守る必要はなくなった。けれどもそれ以前にある戒めは守らないといけない。

それで西暦四九年エルサレムで会議が持たれ、イエスの弟ヤコブが提案したことに基づいて次のように決定される。

すなわち、聖霊とわたしたちとは、次の必要事項のほかは、どんな負担をも、あなたがたに負わせないことに決めた。それは、偶像に供えたものと、血と、絞め殺したものと、不品行とを、避けるということである。これらのものから遠ざかっておれば、それでよろしい。以上。(使徒行伝/一五章二八、二九節)

偶像に供えたものを食べるのは、偶像礼拝がいけないという事で別に食べてもどうと言う事はない(コリント人への第一の手紙一〇章二五〜二八節参照)ようである。また絞め殺したものとは、その肉の内に血を含むから食べてはいけないということである。むろん不品行は姦淫であるゆえにいけない。問題は血を避ける、即ち間違っても食べてはいけないというわけだが、輸血は果たして、食べるあるいは飲む行為なのだろうか。

食べるといえば普通、口から入り、胃に入り胃液や酵素によって分解され、腸で栄養分として吸収され、不要物は便として出る。ところが輸血された血液は、分解されず、そのまま血管内で元の血液のまま生き続ける。そしてそれは元のものから変質してはいけない。だが口から入れたものは、その形も、その物の要素も、働きも、全く別の物質として体内に入る。これからしても、輸血と食べることとは全く別のものである。輸血はちょうど皮膚移植、臓器移植と同じである。輸血されても原型を保ち、移された別の組織の内で生き続けるから。

今、輸血と食物の違いを整理すると次のようになる。

輸　血	食べ物
口を通さない	口より入る。
応急処置	習慣
分解しないで、原型と命を留める。	分解し、元の形も命もない、
栄養、エネルギー源としてより、それを運ぶ働きをするものになる。	栄養、エネルギー源として食べる。

このように医学的観点から言っても、輸血は血を飲む（食べる）こととは基本的に異なるものである。

胎児は輸血で生きている

聖書で禁じているのは、むろん動物の血である。それを人間の血まで拡げるのは、聖書に忠実とは思えない。医学の知識のない時なら、血液型を無視して輸血すれば、多くは死亡したろう。そういうまだ医学の発達していない時代なら、神は輸血を禁じられたろう。

だが科学の進歩は、輸血の適不適を知り得、どういう場合が生命に異常が起こるか、十分にわかっている。それで死ぬべき人が生きられるなら、その人を救うことになるので、愛の実践ができる。そういう知恵を与えられたのも神であると思うのだが。

「罪を犯す魂は死ぬ（エゼキエル書／一八章二〇節）」とあるが。輸血の結果、それが正しいなら生き、誤りなら死ぬと考えられる。大君と同じような交通事故に遭って、輸血しても死亡した者も多いだろう（それも輸血が原因ではない）が、それで助かった者のほうがはるかに多い。ということは、輸血が正しくて拒否が間違いと考えないとおかしい。あらゆる正誤判断の基準は、人を生かすのが正しく、人を死に導くのが誤りという点にあるからである。

考えてみれば腹の中の胎児は、自分で食事ができるというわけではないので、母から栄養をもらって生きている。それはちょうど輸血されて生きているのと同じである。人はそのようにして母の胎内で育ち、外に出る。ということは、そもそも人のその始まりから、輸血でもって生き育つようになっている。そのようにされたのは神様である。

となれば、その神様自身が輸血はいけないと言われるということになれば、理屈に合わない。自らの行為を否定していることになる。

この鈴木大君の場合、母の血を採って輸血してもらってはどうだったのだろうか。「サンデー毎日」（八五年／六月三〇日号／一六七頁）には、福祉センター長の芦川助教授が「大君はお母さんのお腹にいた頃、お母さんから血をもらっていたでしょう。お母さんからなら輸血してもいいでしょう。どうか私たちに大君を助けさせて下さい」とまで願った。しかしそれすら、親は断固、拒否したとある。

こういう場合、理解しがたいのが両親の言動である。異常なまでの冷静さと「聖書の通りに意志を貫いて立派だった」というエホバの証人らの言動に代表されるような彼らの考え方、生き方についてである。そこで「彼らが息子の生死にかかわる事態でも冷静でいられたこと」「彼らのいう立派、完全とは何かということ」「果たして人間がそう立派になれるものなのか」ということについて考えてみよう。

冷静、理性的な人

まず結論から言うと、息子が死ぬというのに冷静でおれるのは、本音を殺して建前で生きるように訓練づけているからであろう。人間は皆同じ、ドングリの背比べである。そこで立派と言われる人は、そういう綺麗な部分だけを人に見せ、そうでない醜い箇所は隠すという技術に長けている、即ち「要領が良い」ということではないだろうか。

人がその行いによって救われようとすると、行動の立派さが常に問題にされる。ところが絶対に人は神の前に完全ではあり得ない。そこで完全であろうとすると、建前と本音を器用に分けるのである。そして人前では「善い子」、陰では「悪い子」と二重生活をしないではおれなくなる。

エホバの証人らにとって立派な人間とは、知的で理性的な人である。彼らにとってどんな場合でも理性的であり、冷静であることが完成された人の姿なのである。理性と知性に対立するのが本能、感性、感情である。むろん建前は理性と知性に付き、本音は後者本能、感情に付く。だから彼らにとって、これら本能、感情は忌むべきもの、否定すべきものである。それゆえ彼らにとって立派であるとは、それらを器用に押し殺すことができるということである。

ところが人間にとって大切なのは、まず本能であり、感性、感情である。上半身より下半身なのである。理性がなくとも人は死なないが、本能や感情を失えば人は死ぬ。だから理性を異常に強調しすぎることは、それら大切なものを抑えすぎ、人間らしさを奪うだけでなく、あげくの果ては正義の名をもって人を殺したりする。

また本能、感性、感情の間違った抑圧は結局、どこかに形を変えて、しかも不自然な形を取って必ず出てくる。外ではいつでもニコニコ平静冷静だが、内ではイライラガミガミで妙に怒りっぽい裏腹の多い性格の人間になる。また普段はおとなしいが、酒を飲むとどうしようもない酒乱になったりする。

だが彼らは酒もタバコも飲まない、ギャンブルもしない。むろん女遊びなど絶対しない。ではその誰でも持ってる感情、うっぷんのはけ口はどこに持っていくのか。それは堕落したこの世に対する、特にそれと結び付いてるキリスト教会に対する攻撃によってうさばらしをし、一方では、われらだけが正しいという優越感で昇華するのである。だからそれらを必要以上に敵視し、自己集団に対する狂気に近い選民意識を育むのである。

だから国際連合は悪魔の組織であるとか、黙示録の一四万四千人とは、エホバの証人のことであるなどと根も葉も無い奇説を本気で信じるのである。

ものみの塔の婦人たちはよく子供連れで家庭訪問される。すると驚くべきことにその三、四歳になる子たちは皆、非常に礼儀正しく正座し、身動き一つせず、おしゃべり一つせず、母親の用が済むまでおとなしく座っている。私の子供などには考えられないことである。何しろ大人の私でさえできないのだから。

そういう子供が立派であると思うのだからだろう、彼らはそういう子供になるようにと育てている。だが私は気持ちが悪い。むろん子供としては、したいことも、言いたいことも、山ほどあるだろう。しかし建前で生きねばならない。親の前でもしたいことができない、言いたいことが言えない。そこで、言えん、いえんで胃炎になることだってある。ガキの頃から胃カイヨウか神経衰弱になってしまわないのも不思議の一つである。

彼らは感情をあらわにすること、……それはとてもはしたないことと思っているのであろう。だが幼児は幼児らしく振る舞い、悲しい時には悲しいと、うれしい時にはうれしいと豊かに表現できるほうが自然ですばらしいのではないだろうか。

主の箱がダビデの町にはいった時、サウルの娘ミカルは窓からながめ、ダビデ王が主の前に舞い踊るのを見て、心のうちにダビデをさげすんだ。（サムエル記・下／六章一六節）

ユダヤの王ダビデは、契約の箱が自分の町に来た。それは神の臨在を象徴するものなので、うれしくてうれしくてしょうがない。それを素直にそのまま身体で表現する。ところが彼の奥方のミカルは、それを見て「はしたない」と蔑む。だがそれが彼女の罪で、ダビデに呪われる。それは神も同じ思いだったので本当に呪われてしまい、生涯子供が出来なかった。

神与の大切なもの

私たちがこういう生きている証みたいな「神与の大切なもの」を否定するなら、もはや本能や感情だけでなく、身体全部が否定されても、殺されても、悲しくも思わないのかもしれない。人間としての自然な感情を失えば、人を殺すのも平気になれるのである。むろん彼らは善行によって救われようとしているのだから当然、自分に厳しい。自分に厳しいということは、他人にもそうなる。「自分を許せない」ということは「他人も許せない」という狭い心が生まれる。

神がキリストにあってあなたがたをゆるして下さったように、あなたがたも互いにゆるし合いなさい。(エペソ人への手紙／四章三二節)

ところがなんとこの言葉の逆をいき、許さず裁き合うようになるのである。そうでないと、悪いことでも平気でするようになると思うからである。何でも許すなら、悪いことでも許すことになるので、やはり厳しくするほうがよいと思う。正しくあろうとする人は結局、「人をさばくな。自分がさばかれないためである。（マタイによる福音書／七章一節）」のキリストの言葉の反対になっていく。

普通だったら、かわいそうだから許してあげようと涙の一つも出てくるところを、理性的な人は、冷静で厳格で「許せない」という思いが前面に出てくる。まじめな人は、どうしてもこうなるところがある。

公私を分ければ殺人も平気

建前は言わば虚構の世界で、自分の感情のない世界であり、自分の本当の気持ちがあるところではない。だから、その世界とその論理で行動するなら、平気で人の命でも奪うことができる。

本音と建前を奇妙に分けることを訓練付けた人に、アウシュビッツ収容所の官吏がいた。公人としてユダヤ人大量虐殺に手を血で染めた男が家に帰れば、私人として良き夫、良き父親、善良な市民としてショパンやシューベルトなどの名曲を聴き、平安な日々を送った。彼らが大量殺人にも平気でおれたのは、公私を分離し、建前と本音を完全なまでにも分離してしまったからである。先の交通事故の場合、ちょうど子供が交通事故だと聞いて父親らがかけつけた時は、まだ公私は分離していなかった。だが、仲間の信者がやって来ると分離せざるを得なくなる。そして、感情を殺した建前の世界だけが全面に出てきたのであろう、子供が死ぬのにも平気でおれたのである。

そのように、神ならざる人間が立派で完全であろうと思うなら、これを分け、うわべを取り繕うしかない。だが、それが結局、人を殺すのである。立派な人が殺すのである。

それはキリストが殺された場合も同じであった。当時のユダヤ人も、本音ではキリストを救い主として受け入れたいという気持ちだが、建前の「彼らの理解する聖書の通り」という点から考えると、受け入れられないという心の葛藤《かっとう》をしている。この両親も、本音では何とかして救ってやりたいと思いながらも「彼らの考えた聖書という建前」からいけば、輸血するぐらいなら死んでもいいというわけであった。

息子を殺そうとした例

輸血拒否のこういう事件が起きた場合、よく問題になるのが「イサク献祭」という歴史上の出来事である。神の言われることなら何でも従わねばならない。信仰の父アブラハムが神の命じられるままにモリヤの地に行き、一人息子を殺そうとするのがそれである。

ある日、神はアブラハムに「あなたの愛するひとり子イサクを連れてモリヤの地に行き、わたしが示す山で彼を燔祭としてささげなさい（創世記／二二章二節）」と言われる。燔祭とは、普通、家畜を殺して丸焼きにして神に供え、礼拝することである。この場合、それも人間、しかも自分の目の中に入れても痛くないというほどかわいい自分の子供である。それを「神様の言う通りにいけにえにしなさい」と言われる。それで彼はその声の通りにしようと決意し、殺そうとしたその時、身代わりの羊（それは後のキリストの雛型）がいたので、それを供えるだけでよろしいと言われ、息子の命は助かるのである。

ここで大切なことは、それが本当に神の声かどうか、よく知るということである。そうでないと身代わりも復活もなく、ただ大切な命を無駄に失うだけに終わる。悪魔も真理を語り、神、キリスト、救い主のような姿をし、このような言葉を語るからである。

この「息子を捧げよ」という言葉は普通、悪魔の言うべき言葉である。当時、アブラハムの時代、よく何か凶事があると神のタタリを鎮めるために、娘や息子を捧げる人身御供の習慣があった。それはアブラハムにすれば、言わば敵の宗教あるいは最も忌み嫌った信仰の礼拝様式である。

だから彼も一時は、もしかしたらこれは悪魔の声ではないかと思ったろう。だがいくら疑っても、たしかにそれは神の声である。それで彼は従う。それゆえに無限の祝福と数えきれない子孫を得るとの約束を得る。

神には絶対服従、悪魔には絶対不服従。これが貫かれないとアブラハムのような祝福はない。だから、それが神の声か悪魔の声かよく吟味することである。何しろ皆「われこそ真理、聖書にぴったり、正統派です」と言い、決して「間違った教えです」とは言わないからである。

第二章　罪人が救われる

わたしがきたのは、義人を招くためではなく、罪人を招くためである。

マタイによる福音書／九章一三節

たいてい人間というものは、「正しい人、立派な行いの人は良い人で、こういう人々が増え、こういう人ばかりになれば、よい社会、よい国が出来る」という短絡的な発想をする。果して本当はどうなのであろうか。

正しき人では救われない

ある日、ものみの塔の婦人が、いつものように次のイエスの言葉を取り上げて、私を見下げるように言われる、

「聖書のここに『すべて良い木は良い実を結び、悪い木は悪い実を結ぶ』とありますね。また『良い実を結ばない木はことごとく切られて、火の中に投げ込まれる。このように、あなたがたはその実によって彼らを見分けるのである』とありますね。あなたは良い実を結んでいますか?」

「そうですね、私などいい加減だから悪い実を結んでいるのでしょうね。だから、悪い木だ。それに対し、あなたは良い実を結んでいるのだから、良い木なのですね」

彼女らはいつも判を押したように同じ質問と答えをしてくる。こういう聖書の言葉をまず持ってくるということは、彼らは言わば完全になることによって救われようとしているのであろう。

それでよく私の教会の信者さんが言われる。

「ものみの塔の信者は立派な人が多い、私はとてもあのようにはなれない……」と。

「そうですね、立派な人ばかりですね。それに比べ、うちの会員はいい加減なのが多い、あんたをはじめね。大体牧師の私がいい加減だから皆そうなる。ハッハッハッハ」

「先生、ではいい加減な人が救われて、立派な人が救われないんですか?」

「そう。正しい人が救われるのではなく、罪人が救われる。いい加減もそうだ」

「どこか親鸞の説と似ていますね」

「いや全く違う。親鸞は『善人なおもて往生をとく、いわんや悪人をや』といって、正しい人が救われるのなら当然罪人が救われてしかるべきと言った。キリストはそうではない『罪人が救われるのであって、正しい人は救われない』と言ったのである」

「では、ものみの塔では救われないのですか?」

「立派である限り、完全になろうとする限り無理だね」

「どうしてですか」

「人が全能の神の前でどうして立派であり得ますか? 完全になれますか?」

「なれるのではないのでしょうか。そう努力すれば」

「まだあんたは人間の弱さ、罪深さを知らなすぎるようだ。ということは神の偉大さ、清さを知らないということだが」

「わかっているつもりですが」

「神は宇宙万物の創造主。人は自分のハナクソ一つ作れない」

「丸めて飛ばすことぐらいはできますが」

「そんな人間が、いくら立派な心掛けを持って善い行いをしようとしても、たいしたことは何もできない。それよりも人間にとって大事なことは、まず自分のした悪事、罪を厳しく反省し、懺悔して、自己を捨てて、どれだけ必死で救いを求めるかどうかなのだ。そこで自分が立派な人で、善いことばかりしている、あるいは『できる』と思っている人には、そういう悔い改めの心や全能者に頼ろうという思いは出てこない。人は人自らを救うことはできない。だから、正しい人では救われない」

完全を求めると愛と許しがなくなる

ところが立派で正しい人生を歩んだ人というのは、自分に厳しい、だからこそ立派であり得たのである。ところがそれも度がすぎると、時に自分自身に対してすら冷酷非情で、非道なまでに厳格になるところがある。そういう人はまた、それを自分だけでなく人にも要求する。寛大で許すという優しい気持ちが持てないものである。

他方、より多く失敗の人生を送り、悪の道に入った人のほうが本当の愛を持てるものである。というのは自分がダメだったから、ダメな人間の気持ちがわかり、彼らがどこのどういうことから罪を犯す人生を歩むようになったかよく理解してあげられる。同病相憐れむというわけである。だから、皮肉なことに「あなたの隣り人を愛せよ」というイエスの言葉を一番実行できるのは、ダメ人間ということになる。

また人格円満はよいが、欠点のない人というのは、長所もない。毒にならないというのは、薬にもならないというところがある。自分で完結しているのだから、人の助けを必要としない。ダメなやつというのは、ダメゆえに自分一人で生きていけない。弱いのである。だが弱いゆえに、愛し助け合うことを彼らは知り、また必要としている。

だが立派な人には実際、愛は必要ではないのである。必要がないと結局「隣り人を愛せよ」と言っても、それはできない。実感を持てないのである。かくして立派な人、完成された人間は冷たい。それも冷やかで終わるならまだよいが、時には冷酷非情にすらなる。

ものみの塔という彼らは、別名エホバの証人と称する。私はキリストの証人こそ、キリスト者だと思うので、彼らはちょうどキリストの時代のエホバの証人であるユダヤ教のパリサイ人のように思う。何しろ似ている。

彼らは、聖書の字句にとらわれ、枝葉末節にこだわり、その精神や本質を見失って、本末転倒の信心に狂っていた。パリサイ派の人々は非常に信仰熱心でまじめだった。それだから心に余裕がない。「あなたがたも互いに赦し合いなさい（エペソ人への手紙／四章三二節）」

とのパウロの言葉にあるのにかかわらず、許せない。自分に厳しい人は他人にも厳しさを求める。

それも度がすぎると人間の自然の感情すら失ってしまう。それだから現代のパリサイ人であるエホバの証人の信者は、自分の子供が死ぬのにも平気でおれるのである。他人だけではなく、自分を殺す人即ち自殺する人というのは、絶対まじめな人である。不まじめな人間は自殺しない。

コンピュータは絶対間違わない。完全なのである。それゆえだろう、科学万博の際、入場者の数と退場者の数が全く違うへまをやらかした。人間なら絶対持ってる常識をわきまえていないからである。

人はたいてい、正しい教理、良い信仰、正しい人間教育の積み上げが、善い人、幸せな人を育てると考える。だが、これはまじめ人間の抱く極めて危険な発想につながる。

少しも聖書の解釈に間違った所がない、信者集団の中に少しも問題がないということが、善い人間、善い社会を育て、理想世界を築くという発想は極めて危険なのである。

正しい人ほど迫害者になる

同じように、善い人ばかりになれば良い社会が出来る。不良、非行は追放し、正しい立派な人だけになる。という考えは、ある意味で非常に誤った考えである。というのは、歴史を学ぶと「いい加減な人物が人殺しになってきたのではなく、正義感にあふれた、まじめな立派な人と自他共に思う人物が、むしろ殺害者になってきている」とわかる。完全性の追求、完璧主義が、正に人（自分も他人も）を殺すことになるからである。

自殺するのは、言うまでもなく、まじめな人が、まじめであるゆえに思い詰めて自分を殺す（私など非常に不まじめだから絶対自殺などしないとよくわかる）。他人を殺すのも同じまじめ志向（思考）に基づくものと思われる。

わかりやすく言えば、より正しくあろう、一人も不良はいない、何の非行もないという人、社会が、人を平気で殺すことになるのである（またそういう集団に属する人間は、生きているようだが、実際は殺されているのである）。

まじめな人こそが殺害者になるその一番の例が、キリストを殺した人々である。彼を十字架につけたのは、決して信仰の薄い、いい加減な連中ではなく、最も信仰熱心だったパリサイ人と言われる人々なのである。彼らこそがキリストを「神を冒瀆するもの」として、十字架につけるように運動したのである。そこで信心のないものが、かの救い主と名乗るからといって、「イエスは神をけなす者だ」なんて言うはずもない。

より正しくあろう、より完全であろうという信仰は、言わば狭いそれになるので余裕がなくなってしまう。罪を少しも犯さないという厳格主義は、自分だけでなく、他人にも要求するようになる。すると自分の罪だけでなく他人の罪も許せなくなる。それも厳格な戒律主義では結局、この俗世間では生きていけない部分が出来てくるので、次第に本音と建前を奇妙に分けて行動するようになり二重人格者になっていく。

そしてその建前に生きる限り、人を殺すに「かわいそう」という人間らしい感情を持てないものなのである。だから間違った論理からくるのだが、その論理だけから物事を考えていくので、殺人でも正当化できるようになってしまう。

誤った熱心は人を殺す

キリスト教の教祖に等しいパウロは、もともとは全く反対のユダヤ教の熱心な信者（パリサイ派）であった。彼は多くの誤解もあって、このイエスはとんでもない邪教の教祖と考え、この邪宗は根絶しなければならないと決意を固めていた。そして、この弟子になる者、即ちこの信仰を持つ者は、老若男女を問わず片っ端から捕え、牢屋にぶち込み、時には首をはねていた。要するに大迫害者だったのである。何しろ彼は今日でいう警視総監であった。だから正義の支配、悪の根絶、善行による救い、倫理道徳の実践、これらこそ人を救い、世の中を良くする唯一の道と考えていた。

ところがイエスという田舎の大工がこれと全く反対のことを言う。「正しい人が救われるのではなく、罪人が救われるのだ」と。その上、噂に聞くところによると罪人と一緒に大飯を食い、大酒を飲んでいる（マタイによる福音書／一一章一九節）。それでさらに、さんざん税金をごまかして私腹を肥やしている取税人や「男をだましもてあそんでいる遊女」のほうが先に天国に入るのだと言っている（マタイによる福音書／二一章三一節）。また「互いに愛し合え」、「互いに許し合え」なんて言ってる。それでイエスの愛をエロスの愛と誤解すると、まるでフリーセックスを奨励しているみたいな、自堕落を助長するようなことを教えていると思える。

聞けば聞くほど、いよいよイエスの宗教はただ社会に害悪を流すだけの「不品行な邪教」に思えてくる。人一倍正義感が強く、信仰熱心だったパウロは、こういうダニ害虫どもは一刻も早く駆除すべし、とその根絶を神に誓った。むろんそれが何よりも正しく、万人の幸いにつながる道だと思えたからに他ならない。

ところがある日、もっと善いことをしよう、もっと神に喜ばれようとパウロは迫害の息をはずませて、ダマスコに行こうと道を急いでいた時、突然天から光がさして、ぶっ倒れる。それについては使徒行伝には次のように記されている。

彼は地に倒れたが、その時「サウロ、サウロ、なぜわたしを迫害するのか」と呼び掛ける声を聞いた。そこで彼は「主よ、あなたは、どなたですか」と尋ねた。すると答があった、「わたしは、あなたが迫害しているイエスである。……」（使徒行伝／九章四、

五節）

彼にとって、こんなショックなことはないであろう。自分がこれは絶対に正しいと思ってしたことの全部が、全く罪のない人を殺し傷付けたことになる。何と私は恐ろしい大罪を犯してきたのだろうと、パウロはこれを転機に、一遍に自分のやってきたことや考えてきたことの根源的な誤りに気づくのである。

その上、今までうわべだけを取り繕って、外から見ると立派な人のような振る舞いをしていたが、見えないところでは反対のことをし、特に心の中では全く反対の汚れた思いを持っている偽善に気づいたこと、枝葉末節では正しい行いをしているが、大切な点では全くデタラメである自分の愚行を知らされたことがそうである。彼は本心に帰って懺悔する。

わたしの欲している善はしないで、欲していない悪はこれを行っている。……わたしは、なんというみじめな人間なのだろう。だれが、この死のからだから、わたしを救ってくれるだろうか。（ローマ人への手紙／七章一九、二四節）

ではこんな大罪を犯した私はどうしたら許されるだろうか？　尋ねるうちにイエスの十字架にかかった「身代わりの死刑による救い」を知るのである。パウロは言う。

まだ罪人であった時、わたしたちのためにキリストが死んで下さったことによって、神はわたしたちに対する愛を示されたのである。わたしたちは、キリストの血によって今は義とされている………（ローマ人への手紙／五章八、九節）

このパウロは大迫害者であり、地獄の一番深い場所に投げ込まれるところだった。それにもかかわらず、彼は神の大いなる恵みによって、もともと敵だったキリストに拾われてキリストを伝える大伝道者になる。しかも彼は、この信仰の創始者に近い立場に立てられたのである。新約聖書の三分の一はパウロの筆になる。これらを見る時、どれだけパウロが神に許され、祝福され、用いられたかわかろうというものである。

彼はいわゆるまじめ人間の生き方の根源的な誤りに気づいたのである。だからこれからしても、キリスト教本来の出発点がどこにあるかわかるというものだ。パウロは言う。

律法を行うことによっては、すべての人間は神の前に義とせられないからである。律法によっては罪の自覚が生じるのみである。

人が義とされるのは、律法の行いによるのではなく、信仰によるのである。（ローマ人への手紙／三章二〇、二八節）

今日、このパウロの捨てたものを拾い、われらこそ「真のキリスト教」ですという人々がいる。それを言うならユダヤ教キリスト派ですと言うべきであろう。

中世のまじめ人間

中世の終わり、宗教改革者カルヴァン（1509～1564）は厳格な聖書理解と神学的論理を展開していた。彼のこの完璧主義が、また多くの犠牲者を生んだ。

彼は正しきことこの上ない人物であったので、酒、女、芸術など人間を罪に陥れる可能性のあるものはすべて遠ざけ、禁欲と苦行の日々を送っていた。彼の生活の中で、身に少しの非難も受ける可能性は皆無の人であった。その彼が、人民投票によって一五三六年都市国家ジュネーブの全権力を掌握した、

すると、さあ大変である。彼は自分と同じく立派になるように、少しも罪を犯さないように全市民に要求する。まず彼は宗教評議会なるものを作り、その下に思想警察風紀監督官が置かれ、その上、風紀スパイなるものもこしらえた。こうして市民の生活全体が隅々まで監視されることになる。

彼らは人々が少しも罪を犯さないようにと、そしてより立派な生活をするようにと、あらゆる階層の家庭に入り込み、その全生活を厳しくチェックする。婦人のスカートの長短、生地、デザインを決まり通りにしているか調べたり、服の胸が開きすぎてはいないかどうかさわってみたり、金銀、宝石で出来た指環ネックレスなどの装飾品を着けていないか、靴や皿の数やその並べ方まで口やかましく干渉する。もちろん芝居、祭り、踊りなどあらゆる種類の遊戯は、人を罪に誘うゆえ禁止である。男の服装も、ほとんど坊主の僧衣みたいなもの以外はみな禁止である。

つまり人生を喜びに満ちた生き甲斐あるものとする一切のもの（そういうものが人を罪に

誘い堕落させるので）を禁じたわけで、要するに今の学校みたいに生活の隅々まできめ細かい指導をするようになってしまったわけだ。

今の教師は、言うだけで自分は模範を示さない。だがカルヴァン先生は偉いので、そうではない。人に要求する限り、自分も清潔立派であり続ける。また一刻たりとも無駄に過ごさない、自分のための楽しみなど、もってのほか。そういう彼が神経をすり減らし、病気がちだったというのはわかる。

それで正しきことこの上ない聖人カルヴァンのしたことは、何も罪を犯してない人を異端者と決めつけ、焼き殺したことである。彼の聖書解釈の誤りを指摘したセルヴェートがそうである。彼はカルヴァンに言う。「聖書にだけ権威をおくべきだと主張されるなら、三位一体説も考え直さねばなりませぬ」と。実際、聖書をよく読んでみると、ものみの塔が言うように、イエスが神であるという直接の言葉はほとんどないのである。また二、三世紀のヘレニズム世界においても、この説を支持するのは少数派であった。正式に教義として成立するのは、ニケヤ会議（三二五年）以後である。

同じ頃に出た他の宗教改革者は、神の創造になるもの（それが性欲、食欲などの本能であれ、感性であれ）すべて感謝して受け取るべきで、それが神に仕える者の最も忠実な道と考えた。ちょうどソロモンが言ったことと同じであろう。

見よ、わたしが見たところの善かつ美なる事は、神から賜わった短い一生の間、食い、飲み、かつ日の下で労するすべての労苦によって、楽しみを得る事である。……また神はすべての人に富と宝と、それを楽しむ力を与え、またその分を取らせ、その労苦によって楽しみを得させられる。これが神の賜物である。(伝道の書/五章一八、一九節)

ルター(1483～1546)はこうして、結婚し、酒をくらい、大いに美食した。もう一人の改革者ツウィングリ(1484～1531)は、説教者として出かけた最初の教区で早速私生児を作っている。こうなれば度が過ぎてるようだが、殺すより生むほうがましであろう。

最も立派な人が最も悪いことをする。みんなと一緒になって人間的な生活を楽しんでいない人は、必ずと言ってよいほど、人あるいはその集団に対して非人間的な態度を取るものである。これは今日でも同じである。

救われるには

それでエホバの証人の人に「救われるためには、何をしなければいけないのですか」と尋《たず》ねる。するとたいてい「努力しなさい」「信仰を働かせて完全な人にならなければいけない」などと言う。例えば、彼らはよく次の御言葉《みことば》を使う。

あなたがたは、その実によって彼らを見わけるであろう。……良い実を結ばない木はことごとく切られて、火の中に投げ込まれる。このように、あなたがたはその実によって彼らを見わけるのである。わたしにむかって「主よ、主よ」と言う者が、みな天国にはいるのではなく、ただ、天にいますわが父の御旨を行う者だけがはいるのである。（マタイによる福音書／七章一六〜二一節）

だから彼らは「キリストを信じるだけでいいです」とは絶対に言わない。「主イエスを信じなさい。そうしたら、あなたもあなたの家族も救われます（使徒行伝／一六章三一節）」とあるのにである。

自分の努力か、神の恵みか、このどちらに重点を置くべきか？　両方に有利な言葉が聖書にある。ただ、ぼんやり見れば、なかなかどちらか決めかねるところがある。だが、聖書に一貫して流れている論理からいって、またキリストの地上に来た目的やパウロの救いから考えれば、「神の恵みによる救い」が本当だとわかる。

救いは神の賜物

神は天地万物の創造主で、全知全能にして愛に富みたもう御方である。ということは、この世にあるすべてのことに主導権を握っておられるということである。だから特に人が救われるという場合には、このことがはっきりする。

神はわたしたちを救い、聖なる招きをもって召して下さったのであるが、それは、わたしたちのわざによるのではなく、神ご自身の計画に基き、また、永遠の昔にキリスト・イエスにあってわたしたちに賜わっていた恵み、そして今や、わたしたちの救い主キリスト・イエスの出現によって明らかにされた恵みによるのである。……(テモテへの第二の手紙／一章九、一〇節)

ここにあるように人間が救われるとは、神の計画と予知による。決して人間の意志と計画によるのではない。また、人間のわざによるのではなく、神の「賜わった恵み」による。恵みとは人の努力による報酬ではない。聖書ははっきり「救いが神の賜物である」とある。

あなたがたの救われたのは、実に、恵みにより、信仰によるのである。それは、あなたがた自身から出たものではなく、神の賜物である。決して行いによるのではない。それは、だれも誇ることがないためなのである。(エペソ人への手紙／二章八、九節)

賜物とは、言うまでもなく自分で働いて得たものではない。人が努力して得たものなら、「賜物」ではなく「報酬」である。なぜ神は救いを人間のわざ、努力の報酬とされなかったか。それは「人間が偉い」と人間が自らを誇るということがないためである。

神の一番嫌われるのは、神を誇らず人間を誇ることであり、神よりも人間がすばらしいとなることである。神の喜ばれるのは、「私は少しも罪を犯していません」と自分を誇れる、それではなく「私は少しも神様に喜ばれる善行をしていません」と懺悔することである。キリストは言う。

ふたりの人が祈るために宮に上った。そのひとりはパリサイ人であり、もうひとりは取税人であった。パリサイ人は立って、ひとりでこう祈った、「神よ、わたしはほかの人たちのような貪欲な者、不正な者、姦淫をする者ではなく、また、この取税人のような人間でもないことを感謝します。…………ところが取税人は遠く離れて立ち、目を天にむけようともしないで、胸を打ちながら言った、「神様、罪人のわたしをおゆるしください」と。あなたがたに言っておく。神に義とされて自分の家に帰ったのは、この取税人であって、あのパリサイ人ではなかった。（ルカによる福音書／一八章一〇～一四節）

だからこそ、救いは神のわざとされるのである。

また、われらの神が創造主であるということは、この世のすべてのものに神が絶対主権を持っておられるということであって、人間の努力など問題にならない。それにもかかわらず努力が必要だというのは、神の偉大さも人間の弱さも全く知っていないということであろう。

神はそのひとり子を賜わったほどに、この世を愛して下さった。それは御子を信じる者がひとりも滅びないで、永遠の命を得るためである。（ヨハネによる福音書／三章一六節）

これらの言葉からわかるように、救われるとは、神がその大きな愛による無償で下さる賜物なのである。一番大切な戒めは「愛」であるとイエスが言われた（マタイによる福音書／

二二章三六～四〇節）ように神の愛を人間に与え、伝えるというのがイエスの仕事であった。彼は言う。

人がその友のために自分の命を捨てること、これよりも大きな愛はない。（ヨハネによる福音書／一五章一三節）

それなのに救いが人間の努力によるならば、神の愛の現れる場がなくなってしまう。だからパウロは言う。

わたしは神の恵みを無にはしない。もし、義が律法によって得られるとすれば、キリストの死はむだであったことになる。（ガラテヤ人への手紙／二章二一節）

罪人の救い

救いが神の一方的に下さる賜物というのは、パウロ自身の体験に根差している。パウロは教会の大迫害者であった。彼はそれまで、人間の努力によって救われると信じる徹底したユダヤ教、時にその中でも最も熱心なパリサイ派の信者であった。その自分の正しさを信じて疑わなかった彼が突然キリストに出会い、自分がものすごい罪人であると示され救われた。だから、パウロが救われるということは、神の憐れみによらなければ絶対不可能だったのである。彼は言う。

人の義とされるのは律法の行いによるのではなく、ただキリスト・イエスを信じる信仰によることを認めて、わたしたちもキリスト・イエスを信じたのである。それは、律法の行いによるのではなく、キリストを信じる信仰によって義とされるためである。なぜなら、律法の行いによっては、だれひとり義とされることがないからである。（ガラテヤ人への手紙／二章一六節）

実際、律法の行い、日本でいう倫理道徳の実践、即ち自分の正しい行いによって救われようという人は、自分の本当の姿を知らない。神の前では、すべての人は罪深い、汚れに満ちた、弱い無能の、値打ちのない者である。人は神の喜ばれることを何一つすることができない。パウロは次のように言い、嘆く。

すなわち、わたしの欲している善はしないで、欲していない悪は、これを行っている。（ローマ人への手紙／七章一九節）

彼は自分に正直な人であった。偽善者ではなかったのである。だから自分の罪と弱さを認め悔い改めて、イエスの十字架の身代わりの死を信じて神に帰っている。そして言う。

今やキリスト・イエスにある者は罪に定められることがない。（ローマ人への手紙／八章一節）

パウロほど「人は神が救って下さらなければ、誰も救われない」ということを知っていた人はいない。また人間がこの行いにおいて「神の望んでおられる要求を満足でき得るほど立派であるという人」はこの世に一人もいないと知っていた。

すべての人は迷い出て、ことごとく無益なものになっている。善を行う者はいない、ひとりもいない。（ローマ人への手紙／三章一二節）

こういう確信に満ちているパウロが、新約聖書の三分の一、しかも最も重要な部分を書いている。だから聖書に一貫している信仰の論理が「行いではなく、信仰」であるとわかるだろう。

行いと信仰

では信仰だけで「行いはどうでもよいのか」というと、そうではない。エホバの証人はこれをよく言う。

人が義とされるのは、行いによるのであって、信仰だけによるのではない。………霊魂のないからだが死んだものであると同様に、行いのない信仰も死んだものなのである。（ヤコブの手紙／二章二四、二六節）

もっともなことである。本当の信仰には必ず行動が伴う。行いによって確かにその信仰が本物か、いい加減なものか、生きているか、死んでいるか、がわかる。両者は切り離せないものだからである。

だが、ここで注意したいのはあくまでも「善い行いは信仰の結果である」ということであって、「救いをもたらすのは信仰による」ということである。救われるために善い行いをするというのではなく、救われたから善い行いをするのである。

この違いは天と地ほどの差がある。前者は人間に主導権があり、後者は神にそれがある。また、結果だけ良ければよいというのではなく、動機、目的、その心が問われる。救いはその人の働きや功績によるのではなく、身分による。サルがいくら立派で功績を積んでもサルで、人間の赤ちゃんのほうが役立たずでも人間に貴ばれるようにである。

エホバの証人では、キリストはアダムの罪を犯す以前の状態にある人間と同じと見る。イエスが罪を犯さない完全な人だったゆえに、犠牲としての価値を持つという。

それは、甚だおかしな論理である。人間がいかに立派であろうと、人間を超えることはできない。人の罪を背負うのだから、背負う限り同じ立場に立たないと、重荷を背負いきれない。だから神の子が人になられたところに救いがある。だが単なる人では、その命に価値がなさすぎる。そこで神の子が犠牲にならないと、罪の代価を払い得ない。何しろ数えきれない人の無数の罪の代価なのだから。

ところが、ものみの塔はキリストを神と見ないので、そのあがないの意味がない。それで人間の努力が常に必要だと言うのであろう。

不良放蕩息子

イエスはある時、次のような譬《たと》え話をされた。

ある人に二人の息子がいた。兄はまじめで善人で、親の言うことをよく聞く評判の良い孝行息子であった。だが、この兄とは対照的に、弟は不良で親の手に負えないワルであった。

ある時、弟は自分のもらえる分の親の資産を、先にもらって旅に出る。そして行く先々で飲む打つ買うの遊びという遊びをしたい放題して、奈落の底に身を沈めていった。むろん、そんな金銭を湯水のように使う酒池肉林の生活が、いつまでも続くはずがない。たちまちスッテンテンになって、食う物にも困るようになった。

それでブタ飼いという最底の仕事には何とか雇ってもらえたが、このブタの餌ですら食わせてもらえないぐらい酷い状態になった。それで飢えて死のうとしていた時、父親のことを思い出した。

そして父の元に帰り「神に対しても（親の）あなたに対しても罪を犯しました。もう息子と呼ばれる資格はありません。せめて雇人の一人にして下さい」と懺悔して言おう……と考え、故郷に帰り、父親に会う。すると父は死んだと思っていた息子が帰ってきたのだから、怒るどころか大いに喜んで大歓迎する。最上の服を着せ、最上の御馳走をもって、大祝宴を開いた。

そこへ兄が畑から帰ってくる。まじめ一筋に生き、その日も朝から汗水垂らして一生懸命働き、疲労困憊して家に近づくと、何やら妙な歌声や踊りの音が聞こえてきた。それで不審に思った彼は、下男に尋ねる、

「いったい何ごとが起こったのか?」

「あなたの弟さんがお帰りになられたので、お祝いをしているのです」

これを聞いて兄は激しく怒る。

わが親は、自分がずっと親元にいてしたい遊びもしないで、品行方正で親孝行で規則決まりを守って、まじめに生きてきたのに、何もしてくれなかった。それなのに親に逆らい、ふしだらなけがらわしい生活をして親の財産を浪費してしまった、その弟が帰ってきたからといってドンチャン騒ぎをしている……これではまるで悪事そのものを歓迎しているようなものではないか、兄が腹を立てた気持ちがわかろうというものだ。(ルカによる福音書/一五章参照)

だが、そこに人生についての深い真理がある。

兄は親元にいつもいるので、かえって甘えて親の力も愛情も恩恵も当たり前のように思えて、少しもその値打ちがわからない、それで自分一人の努力と知恵と強い意志で「正しく生きている」と思っていた。こういう男は、自分は正しいが弟は罪だらけであると見下し、た

いてい罪を犯した弟を責め、自分の「親に感謝をしない罪」を悟らないものだ。

この放蕩息子の話は、教会という楽園を去り、さんざん悪事を重ねて食うに困ったあげくの果てに、総懺悔してまた教会に戻り、本格的な天国に入れる資格を手にした信仰者と、教会にずっといて罪は一切犯していないと思っているから、神に助けてくれなんて願ったこともない、きまじめだが天国入りの資格のない信仰者を象《かたど》っている。

ちょうど兄は先に生まれていたのでユダヤ教を、弟は後から生まれたのでキリスト教を表している。兄は善行によって救われると考え、まじめ一筋である。だから自己にも弟にも厳しい。だから、ある意味で冷たいところがある。彼は当然、愛情よりも「行いの立派さ」に関心がある。

一方、弟は、罪の生活をしたように意志の弱いところがある。だがそれだけ同じ弱さを持った人の気持ちが理解できる、即ち愛情が深いとも言える。また放蕩を許され神（父親）に受入れられたという体験をしたので、救われるには善行よりも「罪の許し」と「愛、憐れみ」が何より大切と考える。

それに弟分のキリストの元に集まってきたのが、ちょうど放蕩三昧の生活をしていた遊女不良、罪人だったので余計ぴったり弟はキリスト教をたとえている。

蛇にあざむかれたアダムとイヴ

放蕩息子の話を待つまでもなく、聖書の初めの創世記三章には、蛇にだまされ、その言うがままに禁断の実を食べたゆえに、罪を負い、呪いを受けてどんどん不幸になっていく人間の先祖の姿がある。人はその原始の時代から放蕩息子の道を行くのである。

そこで神は、人間が罪を犯すのをどうして黙って見過ごされたのか、という疑問を多くの人は持たれる。それは、それのほうが神はよいと思われたので、そうされたのである。もし、そこで罪を犯さないで兄のような生活をしていたとしたら、聖書の物語もキリストの来臨の必要もなかったろう。

神が蛇の誘いを見過ごされたことから考えると、人は罪を犯さないで、自らを正しい者として高ぶり、神の恵みも愛も悟らないでいるより、罪を犯しても、それによりひどい目に遭って神の愛を知り、自らの弱さを知り、大人になって、神の元に帰ってくる道を選ばれたようである。だからパウロは言う。

神はすべての人をあわれむために、すべての人を不従順のなかに閉じ込めたのである。

（ローマ人への手紙／一一章三二節）

人が常に正しく強く賢いならば、困っているので助けてあげよう――なんて愛情を傾ける機会がない。だがその逆に、罪深く弱くアホならば、いくらでも助けてあげられる。即ち人を愛することができる。

だから、神は人が「正しくあるが愛のない人生」よりも、「正しくはないが愛ある人生」を進むようにされたのである。愛はすべてに勝る。だから使徒パウロは「いつまでも存続するのは、愛である」と言っている。だから神は立派な人より、愛のある人を喜ばれる。

古来、常に問題の「善悪を知る木」（これは後のモーゼ律法を象徴するものである）をアダムらが食べてしまったことについて、二つの相反する解釈が生まれてきた。

一つは、その戒めを守れなかったのだから不幸になった。それだから守れば幸せになる。

悪を避けて善を行え、そうすれば、あなたはとこしえに住むことができる。（詩篇／三七篇二七節）

もう一つは、先祖が守れなかったのだから、子孫のわれわれも守れない。だからむしろこれは、その守れない人の弱さや罪深さを教えるためにある。

律法を行うことによっては、すべての人間は神の前に義とせられないからである。律法によっては、罪の自覚が生じるのみである。（ローマ人への手紙／三章二〇節）

前者はユダヤ教徒の考えで、後者はキリスト教徒の立場である。

イエスの時代、人々は倫理道徳の実践により救われようと、実に熱心であった。より正しくあることが人々の関心事であった。もしかしたら罪を犯しているのではないだろうかと考え、より罪を減らすために、もっと決まり、規則を決めて、これを守れば神に喜ばれると、完全主義に徹しようとした。

するとここに生まれるものは偽善であり、それを糊塗しようとする自己規制のための戒律や決まりの増加である。アダムらが恥を隠そうとしたイチジクのパンツは、それを象徴している。沢山決まりがあれば、守ってなくても安心できる。立派で正しいように思える。だが、これは真実を隠し不正直になる、人も自分も縛り縛られる。だからキリストは、この時代の民衆の教師であった律法学者と常に対決した。

偽善な律法学者、パリサイ人たちよ。あなたがたは、わざわいである。あなたがたは白く塗った墓に似ている。外側は美しく見えるが、内側は死人の骨や、あらゆる不潔なものでいっぱいである。このようにあなたがたも外側は人に正しく見えるが、内側は、偽善と不法とでいっぱいである。（マタイによる福音書／二三章二七、二八節）

では、その時代のユダヤ教徒と言うべきものみの塔の歴史と現状はどうなのだろうか。

その現況と歴史

「エホバの証人」とか「ものみの塔」と呼ばれる宗派は、世界中ではおよそ三〇〇万人以上、現在日本では一〇万人以上の会員がおり、教会堂に相当する王国会館は全国に千か所あるという。このすべてが活発な活動をしているので、どんな山奥でも、孤島でも、彼らの教えは伝えられている。

月二回発行される「目ざめよ！」や「ものみの塔」の機関誌他、ボケ老人の戯言みたいに全く同じことばかり繰り返し書いてある本を売り歩いている（嘘も百遍言えば救われた気になり、百遍聞けば本当らしく思える）。

その多くは婦人たちだが、彼女らは非常に熱心なので、家事も子供の教育もそっちのけで「もののけ」に取り憑かれたように訪問して回る。一般のキリスト教は、一〇〇万信徒がいるといっても、そのほとんどは訪問伝道という形では伝道しないので、今や「キリスト教とは、ものみの塔のこと」ぐらいに思われ始めている。

彼らは輸血拒否どころではなく、彼らの解釈した「聖書に反する」と思うことはすべて拒絶する。絶対平和主義であるので、兵役は断固拒否。学校での剣道で木刀竹刀を持つのも拒否である。「剣をとる者はみな、剣で滅びる（マタイによる福音書／二六章五二節）」とあるからである。したがって争いごとはいけないのだから、相撲、柔道などの格闘技は当然いけない。むろん、お父さんの好きな女子プロレスなんて見るだけでも御法度。

この世は悪魔の支配下にある。だからこの世を支持することは、神の王国を支持しないことになる。……と彼らは考えるのだから、日常的な普通のことでも様々な摩擦が起きる。現実の政治には中立でなければいけないということから、絶対不参加。

第一に、選挙はいかない。また委員、役員に選ばれても拒否。

第二に、労働組合、政党に入らない。

第三に、国旗「日の丸」掲揚、君が代斉唱の拒否。これはわかるが、校歌も歌わない。第四に、自衛官、警官は辞職しないと信仰とは両立できない。第五に、葬儀、法事での焼香拒否。これは聖書に偶像礼拝を拒否するようにとあるのだからわかる。だが、誕生会、クリスマスなどのお祝いはしないというのは理解しがたいことである。

これだけ拒否すれば、家庭的にはもちろん社会的にも波乱は起きる。事実、ものみの塔の歴史は、弾圧、迫害の犠牲者で敷き詰められている。それに比べれば、輸血を拒否して死んだ者など、ものの数ではないようだ。

彼らはこの世の名誉、地位、金銭を捨てて、ひたすら一心に平和を説く。それゆえにその姿に感動して、この派に入る者もいる。だが彼らのそういう姿勢を見ていると、私など「自分一人正しいとする独善性」に息も詰まる感じがするのだが。何しろ他の平和運動にかかわるわけでもない。一人平和を説くのみで、痛ましい。たしかに孤高という輝きはあるが、自傷自損の痛ましさと、静かだが明らかな狂気が感じられる。

彼らは建前と本音を奇妙に分ける。だからすべてのこの会員が、このように何もかも拒絶するというわけではない。その多くは極めてヌエ的で、裏では世に妥協して極めていい加減だが、表では自分たちだけが聖書に忠実であるという顔をして、極めて独善的で偽善的な匂いがする。それゆえに「皆、同じようにすべし」という集団主義のこの日本社会でも、結構こういう「変人」でも増えていく。

その理由は、彼らの考えが意外と日本的なものに似ているからである。彼らは「立派で完全な人になることで救われようとする」ので、修身や道徳の教科書の焼き直しみたいなことを言う「倫理研究会」とか「朝起き会」とか呼ばれる団体と、その発想において極めて似ている。だから日本人に大受けで、ますます伸びているようである。だが、この派の実質はキリスト教というよりイエスやパウロの敵となったユダヤ教なのである。

驚異的成長

この「エホバの証人」の団体が出来たのは、無学な小間物商人ラッセルがわずか一八歳で、ペンシルバニア州のピッツバーグで聖書研究会を始めた時（一八七〇年）であった。「ものみの塔」という名称の由来は、彼が機関紙「The Watchtower」を発行したことにある。この宗派は、盛んに伝統教会の教えを否定し、キリストが来る、世界が滅ぶぞという予言をやたらにしたことに始まる。

その予言の代表が一九一四年にハルマゲドンになり、一五年までには世界は滅ぶというセンセーショナルなものだ。だがその予言が外れたショックか、それが明白になった翌年、汽車の中でポックリ死ぬ（六四歳）。その後を継いだのが弁護士ラザフォードで、「キリストは見えない形で来た」と前会長の失敗を弁護する。三百代言らしいセリフではないか。何しろキリストも「その日は盗人のごとく来る（マタイによる福音書二四章四三、四四節の意訳）…と言われたのだから。

一九四二年にラザフォードが死ぬと、N・H・ノアが三代目会長になる。彼は海外宣教に力を入れ、宣教師養成のために「ものみの塔ギレアデ聖書学校」を建て、一七〇か国近い国に卒業生を送り出している。また一九五〇年には、ノアと四人のスタッフによって『新世界訳聖書』が出版される。どうもそれは自分たちの伝えてきた教義を正統化するための根拠が必要だったので、彼らのドグマに合うように聖書を変えて訳したとしか考えられない。

一九七七年にノアが死ぬと、F・W・フランズが会長になっている。だが、その成長は留まることを知らない。この派はアメリカで言うと、一九四六年から一九六五年までの二〇年間だけを見ても、伝統的教会が六五％の伸びに留まっているのに、二千％にもなるという驚異的な成長を遂げている。かくしてアメリカでは、七〇万人の信者がおり、「モルモン教」「セブンスデー・アドベンチスト教会」「クリスチャン・サイエンス」と並ぶ四大新興宗教の一つに伸し上がった。

またその印刷物の量も、私の手許にある「目ざめよ！」だけでも九八〇万部毎号印刷され、五四の言語で発行されているそうである。だから、それは伝統教会の印刷物の全部合わせた二倍に達するであろうと思われる。地獄はない。キリストは人間である。彼はすでに来た。

……といった教えが現代受けするのであろう。

第三章　天使か神の子か

わたしたちが神の子と呼ばれるためには、どんなに大きな愛を父から賜わったことか、よく考えてみなさい。わたしたちは、すでに神の子なのである。

ヨハネの第一の手紙／三章一節

息子か書生か

ここに自動車のセールスウーマン「クリス」がいる。とても麗しい乙女である。ある日「恵保馬」という表札のある、ものすごい豪邸の門前に立ってブザーを押した。すると何も言わない先から「どうぞお入り下さい」と言う。それですたこら入っていくと、玄関に出てきたのは、とてもハンサムな好青年である。何でも隣の奥さんの話によると、この恵保馬家には、「位人《くらいひと》」という息子一人しかいないという。

ハハン、この人が一人息子だなと思い、彼女は一目で車を売ることより、自分を売ることを考えた。そしてあわよくばこの豪邸のお嫁さんにでもなれれば「今、シンデレラだわ」と思ったのである。「私は自動車のセールスに来たのですが、いやもう車は持っておられますね。いやぁ、あなたのようなステキな男性を乗せる自動車なんて、どんなに幸せでしょうに……」とかナントカ言ってるうちに、「デートでもしませんか」と彼から誘われてしまった。むろんオーケーしたのだが、あんまり思い通りになるので、クリスは夢心地だった。

それで彼と付き合う内に、結婚しようという話になった。それでいよいよかの豪邸に住めるわと思っていると、彼は言う。「いよいよその邸を去らねばならない」と。おかしいなと思っていると、何とその家の息子ではなく、多くいる書生や男性のお手伝いさんの一人だと言うのである。

そういえば、自分の親父（?）に「おとうさん」と言わず「恵保馬様《えほばさま》、恵保馬様《えほばさま》」と言っていたわけがわかった（普通親子だったらそういう親の氏名など言わないものだからである。氏名を言うというのは、他人だからである）。それで彼女は内心がっかりしたのである。哀れなるかな！　シンデレラへの夢は、午前零時になる前にシャボン玉のように消えてしまった。

同じ屋根の下にいるので、外から来たのでは息子も書生も娘も女中も区別がつかない。同じ家人に見える。その家の人や親戚にはわかるが、外から来た人にはよくわからないところがある。むろん両者の受け取るものは雲泥の差がある。前者の息子娘なら親の遺産を相続できるが、後者の書生、下男、女中では、もらえても給料と退職金ぐらいで、あとは何も頂けない。家の中に入るが、その家の者ではないからである。

実は天国という神の家も、このようになっている。この家には父と息子と下男下女がいる。普通、父は唯一の神と呼ばれ、息子は神の子といい、下男下女は天使と呼ばれている。家令に位するのは、天使長ということになろう。

エホバの証人はキリストをこの神の子と見るのではなく、天使の頭ミカエルと信じているようである。そうなるとキリスト信者（キリストより優れた者になるはずがないのだから）は神の子になるのではなく、使いになる。ということは天国という神の遺産を受け継げないことになってしまう。聖書に次のようにある。

あなたがたはみな、キリスト・イエスにある信仰によって、神の子なのである。……相続人が子供である間は、全財産の持ち主でありながら、僕《しもべ》となんの差別もなく……それはわたしたちに子たる身分を授けるためであった。このように、あなたがたは子であるのだから、神はわたしたちの心の中に、「アバ、父よ」と呼ぶ御子の霊を送って下さったのである。したがって、あなたがたはもはや僕ではなく、子である。子である以上、また神による相続人である。（ガラテヤ人への手紙／三章二六節、四章一、五、六、七節）

これから見ると明らかにキリスト信者は神の僕《しもべ》ではなく、神の子とわかる。主人の子供より家令の方が上なんてことは、あり得ない。若様より家老のほうが身分が高いなどということは、あり得ない。とするとキリストは人間の僕、使いということはあり得ない。もちろん私たちに主は仕えることはされても、身分がそうだということではない。

また家令、下男下女が息子娘よりいくら優れていようと、子供がよほど阿呆であろうと、普通、遺産は息子娘に相続される。若様がいくら無能でぐうたらであろうと、いくら家老が偉く勤勉で功績を積もうと、やはり藩は若様に継がれる。

同様に人が神の国に入るのに、人の努力や功績が問われるのではない、それはひとえに神の子かどうかが問われる。即ち立派さが問題なのではなく、身分が問題なのである。

では、その神の子の身分はどうしたら手にできるか。それは御子の霊を送ってもらえるかどうかで決まる。子は子の努力によって生まれてくるのではない、神の定めと親の出産の苦しみ（ヨハネによる福音書／一六章、二一節）によって生まれるのである。

即ち神の子は、神の選びとキリストの十字架の苦しみにより生まれるのである。そこに人間の努力が必要なわけではない。

「うむ」と「つくる」の違い

エホバの証人の出版物の中に、次のような文章がある。

> では天地を生み出したゆえに、神を天地の父と呼ぶことができますか。
> ふつうにはそう呼びません。天地は人間ではないからです。むしろ創世記二章四節後半のことばどおり、わたしたちは神を天地の造り主と呼びます。ゆえにこの場合生み出されたものはすなわち造られたものであると言えます。（神の偽ることのできない事柄／一二四頁）

ものみの塔は、ここにある『神の偽ることのできない事柄』をはじめあらゆる書物の中で「生み出された者すなわち創造された者である」とか「イエスは神の初子とも呼ばれました。これは、イエスが神の他の霊の子たちすべてに先立って創造されたということ……」という言い方を何度も繰り返ししている。要するに「生む」と「造る」は、彼らにとって同じ言葉なのである。

ギリシャ語やヘブル語は「生む」と「造る」は、はっきり違う言葉である。だが、日本語では、

「君、今晩、早く寝て子づくりにはげむか」

「でも、新婚そうそう子を生むのはイヤよ」

なんていう場合があるように、子供を「生む?」と言うべきところでも「つくる」と言い、物を造る場合でも「生産」というように、生むと造るの区別がはっきりしていないのである。これと同じように人間と物の区別のない宗教（それは結局、生きている人間を命のない物にしてしまう。即ち殺し、滅ぼす）は、この区別がはっきりしていないところがあるようだ。

普通、「生む」は命あるものに対して言い、「造る」は命のないものに対して使う言葉である。これが混同されるということは、それだけ命が大切にされてないということ、あるいは人間の尊厳が確立されてないということであろうと思われる。聖書のはじめ創世記を見ると自然、世界、人類の起源が記されている。

はじめに神は天と地とを創造された。（創世記／一章一節）

「始め」を制するものは、すべてを制する。万物の原因は神である。神は一切のものの一切の原因である。

本当の神様とは、この一章にあるように、神の造られた天地の如何なるものでもない。宇宙、自然、太陽、月、星、動物、植物、山、川等の如何なるものでもない。この聖書の原本

が書かれた当時も今も、西洋も東洋もこれらの自然物を神と崇めていた。だが、これはあくまでも神の造られたものにすぎない。

　このようにこれをちゃんと読めば、自然は、神の造りたもうたもので、神ではないということ、神の部分でもないということがわかる。仏教や自然科学は、自然を神と見ている。また自然は神道の言うように神が生み、流出、発生したものではない。

……とわかるのだが、今ここで「造る」と「生む」をはっきり区別しないと、自然と神、造られた物と造った者、命のあるものと命のないものとの区別がなくなってしまう。そうなると生きている人間のはずなのに、いつの間にか工場の製品にされたり、ほふられる日のために肥え太るブタにされたり、牛馬のようにこき使われる奴隷にされてしまうのである。間違った宗教や宗教のような思想哲学（例えばマルクス主義や国粋主義など）は人間を内面からそういう製品にしたり、畜生にしたりする有力な洗脳手段となる。

聖書の宇宙観

神様 → 造る → 自然、宇宙

（神様と自然、宇宙）全く異質

原始宗教

神様 → 生む → 自然、宇宙

（神様と自然、宇宙）同質

仏教、自然科学の宇宙観

神様 ＝ 自然、宇宙

（神様と自然、宇宙）同一

（あるいはその原理、法則）

創造目的

造るということには、目的がある。椅子を作るという時、座るという目的がある。目的に応じてイメージを描き、設計図を引く。そしてそれらの通り、それを作る。

主はすべての物をおのおのその用のために造り、………（箴言／一六章四節）

とあるように神が万物を造られたという限り、そこに神の目的がある。

目的に合うものは価値がある。目的に合わないものは壊し、捨て去る。宇宙万物がそうである。用のないものはなくなる。ということは、在るものには用がある。正しいものとは、この神の創造目的に合っているということである。悪とは、それに反することである。

神は万物を皆個性あるものとして、丁寧に造られた。即ち人は皆違う性格、個性、才能を持っている。ということは、それぞれ創造の目的が違うということである。人と比較していくら勝っていても自慢にならない。はじめから才能あるものと造られているなら、それを十分発揮する義務を有する。

造る場合……目的、設計、製造、使用、破棄と総べて造る側の自由になる。

生む場合……目的なし、設計なしで使用とか利用という言葉を使えない。死ぬも生きるもすべて親の意図のようにはならない。また自由にしてはならない。それは、生まれるものは、神の授かりものだからである。それを自由にするのは神だけに許されたことである。

こう考えればわかりやすい、神の子というのは神の子供だから、神から「生まれた」と考えるべきである。だが天使は神が「造られた」ものである。だから神の子と天使は全く身分も待遇も違う別個の存在である。

キリストが天使だということになれば、父との関係が親子ではなく、主従関係になる。そうするとクリスチャンとは神に隷属するものになる。その働きに応じて報酬を得るということになる。

これに対し神の子ということになれば、主従関係ではなく親子関係になる。ということはキリストに似るものになるキリスト信者は、神を父と呼ぶ関係になり、愛情の対象になるので、働きに応じて報酬を得るというような雇用関係に入るのではない。

そのようにキリストをどう見るかで「人間とは何か」「救われるとはどういうことか」が決まってしまう。救われるとは神の僕になることではなく、子供になることである。

ものみの塔が言う「御子は父なる神から創造された」ということが本当なら、両者は造ったものと造られたものだから、陶器士と壺みたいなもので、全く異質なものになってしまう。

そうなったら「御子は神の栄光の輝きであり、神の本質の真の姿であって、……（ヘブル人への手紙／一章三節）」や「わたしを見た者は、父を見たのである（ヨハネによる福音書／一四章九節）」などとは言えなくなってしまう。親子は非常に似る。それだからこそ、これらの言葉が意味を持ち、イエスが救い主になり得るのである。

またイエスははっきり神を「父」だと言われる。造られたものだったら、そういう言い方はできないだろう。カエルの子はカエル、猫の子は猫であり、人の子は人である。では神の子はどうか？ 神であろう。子は親に似る。だが造られたものは、その親たるものに少しも似ない、また能力においても非常に差が出来てしまう。だから、こういう意味でも「造られたものが天地を造る（ものみの塔はキリストに対してそう言う）……などという論法には無理があるのではないだろうか。

神↓生む↓「神の子」……似ている。別人格だが同質。代理が出来る。相続できる。
自由。愛の対象。働きがなくても報酬を得る。

神↓造る↓「天使」………似てない。別人格で異質で格段低位。代理は不可能。相続出来ない。隷属。自由はなく、命令にただ従うのみ。仕事に応じて報酬を得るのみ。

ものみの塔はやはり、人間を御使いより低い地位に置いている。彼らは詩篇を曲解して次のようにいう。

あなたはまた、人を神のような者たちより少し低く造（られました）」。（詩8・4、5）ここでいう「神のようなものたち」とは誰のことですか。み使いたちです。聖書の一記述者は、詩篇八篇五篇を当てはめつつ、ヘブライ2章6－9節で、「あなたは彼をみ使いたちより少し低い者とされました」と記したからです。したがって、存在また力の程度についていうと、人間はそれら「神の子ら」、それら天のみ使いたちよりも常に低い地位にあります。（聖霊／二〇、二一頁）

ヘブライ即ち「ヘブル人への手紙」二章七節の「彼」とは、六節の「人間」とここで解釈しているが、これはその後の九節より「人の子」即ちキリストと解さないと後が続かない。キリストはその伝道の公生涯は苦難と死だったので、実際はそうではないのだが、あたかも「天使よりも低い者のような取り扱いをされた」という意味でないとおかしい。

旧約聖書の時代では、人は創造者の主に対し、僕である。言わば天使のような存在であった。だが新約の時代になると、人はその上に神の霊を受け、神の子として生かされた。それだから神を父と呼べる子としての自由を与えられた。自由なるがゆえに、自分の行為に責任を持つべき存在になった。

人間の身体は、確かに地のちりを材料に神が造られたものである。だからそれは、中は空洞の霊の入れ物でしかない。これに対し魂はその中身で、これは神の贈られた霊だから、造られたというより発出したようなもので、「生まれた」という部類に入るだろう。人間の本質はこの魂にあるゆえに、人間とは神より生まれたものと言ってよいのではなかろうか。

まじめ単細胞思考

こういう「神でないなら天使長」というものみの塔の教義なるものは、ひとえに単細胞のまじめ志向から来る。まじめで真剣に物事に取り組むような人にとっては、神が一人であるというのに、父、子、聖霊の三人もおられるという三位一体の考えがどうしても合点がいかないのであろう。そこでどうするか。

第一に、神様のことなのだから人間に理解できないこともあり得る。だから一で三ということもあり得るのだと、考えるのを諦める（伝統的派）。

第二に、神は父だけで、子と聖霊は神ではないのだと言う（アリウス派）。

第三に、神は一つだが、それぞれの現れが違う、時には父になり、子になり、聖霊になるのだと考える（サベリウス派）。

こういうふうにいろいろ考え、納得しようとする。ものみの塔は第二の説と幾分似ていて、父のみを神にし、子は天使長ミカエル、聖霊は神の力であるということで辻褄を合わせようとしたわけだ。

ところがそうすると、いろいろ不都合なことが起こってくる。聖書に最も忠実であろうとした彼らが、最も不忠実になってしまう。いや最も不忠実がゆえに「聖書にぴったしです」と言わざるを得なかったのかもしれない。

もとよりキリストは救い主である。彼をどう信じるかで、救われるか滅ぶかが決まる。ではそのキリストは神なのか、人なのか、それとも天使なのか探ってみよう。

キリストは天使長ではない

エホバの証人はイエスを天使長だと言うが、そういう言葉は聖書のどこにもない。むしろ天使ではないと書いてある。

ヘブル人への手紙一章全体は「キリストは天使ではない」という弁明のために書かれたようなものである。

二節……御子（キリスト）は万物の相続者で創造主。

三節……神の栄光の輝き、真の姿、万物の保持者、罪の清めのわざをなし、天の父なる神の右の座についておられる。

四節……天使より勝れたお方。

五節……天使は使いだから、「神を父に、自分はその子」という関係を持ち得ない。たとえば、み使いたちのうちのだれに「神」はかつてこういわれたでしょうか。「あなたはわたしの子。わたしがきょうあなたの父となった」また、「わたしは彼の父となり、彼はわたしの子となるであろう」と。（新世界訳）

カッコの中は「詩篇／二章七節」および「サムエル記・下／七章一四節」の引用であるが、すべてキリストに対して言われたものである。だから天使の誰にも、こういうことは言っていないという意味でこれが書かれている。

六節……天使は御子を拝め。

そのところ「神の御使いたちはことごとく、彼を拝すべきである」とあるが、これをものみの塔の新世界訳では、「彼に敬意をささげよ」と訳している。この「拝する」とか「敬意をささげる」とか訳されている言葉は、「プロスキュネオー」である。これは「主なるあなたの神を拝し、ただ神にのみ仕えよ（マタイによる福音書／四章一〇節、ルカによる福音書／四章八節）」や「ただ神だけを拝しなさい（黙示録／一九章一〇節と二二章八節）」という言葉の「拝する」と同じ単語である。

天使と御子の比較

七節より一二節までは、天使（御使い）と御子との違いを比較するように書いてある。

七節……天使は風、炎である。

八節……ここに御子について神と呼ばれている。即ち「御子については『神よ、あなたの御座は世々限りなく続き』」とある。ところがこれをものみの塔は、「しかしみ子についてはこうです。『神は永久にあなたの王座』」と変えている。

九節……キリストは特別神の霊に満たされた。

一〇節……キリストは万物を造られた。

一一節一二節……天地は滅びるが、キリストはいつまでもおられる。

一三節……御使いの誰にも、（父なる）神の右に座せよと言ったことはない（キリストには使徒行伝二章三五節や詩篇一一〇の一篇ほかにそう言われているが）。

一四節……天使はすべて仕えるためにあり、救われるべき人に奉仕するためにいる。また天使は信者に裁かれる存在であって、信者以下のものである。


わたしたちは御使いをさえさばく者である。（コリント第一の手紙／六章三節）

このように見れば見るほど、キリストはとうてい天使、まして天使長ではあり得ないとわかる。

神の子

そこでイエスは彼らに言われた、「それでは、あなたがたはわたしをだれと言うか」。シモン・ペテロが答えて言った、「あなたこそ、生ける神の子キリストです」。すると、イエスは彼にむかって言われた、「バルヨナ・シモン、あなたはさいわいである。あなたにこの事をあらわしたのは、血肉ではなく、天にいますわたしの父である。………」

(マタイによる福音書／一六章一五～一七節)

マルコによる福音書のはじめには、「神の子イエス・キリストの福音のはじめ」とある。また使徒ヨハネは「これらのことを書いたのは、あなたがたがイエスは神の子キリストであると信じるためであり、また、そう信じて、イエスの名によって命を得るためである(ヨハネによる福音書／二〇章三一節)」と言う。だから大切なのは、かのナザレのイエスを「神の子キリスト」と信じ受け入れることであるとわかる。

このようにイエスの尊称に対しては「神」という表現はほとんどないのに対し、「神の子」という言葉が付いている。「神の子」とはこのイエスの復活後の尊称であるから、彼を「神の子」と呼んでいるところは五〇近くある。また救われる人々のことを神の子と呼んでいるところが新約では一八回ほど書いてある。だから、救われるとは神の子供になることであり、神の子であるキリストと同じ身分になることである。

では「神の子」とは何なのか？　旧約聖書では「神の子」「わたしの子」とか「長子」という言葉が使われ、大部分は選民に対してだが、天使に対し四回、天使か選民か不明が一回使われている、

また天使に対して四ないし五回使われている「神の子」という言葉も、はっきり天使だとあるわけではない。ものみの塔のよく言う「神の子＝天使説」として取り上げられる聖書の箇所に「**神の子たちは人の娘たちの美しいのを見て、自分の好む者を妻にめとった**（創世記／六章二節）」とある。だがイエスの言葉にあるように天使はめとったり、とついだりしないので、これは天使というより選民につながる人々を意味するのであろう。神の子とは、たいてい選民イスラエルとその王に対して言われている。

キリストがダビデの子とかユダヤ人の王とか呼ばれるので、選民の王としてキリストを考え、またそういう意味で「神の子」と呼んでいると見るのが正しいのではないだろうか。もちろん、この言葉には、神に愛される神の子供、神の家族の一員としての神の子供たちの長子という意味が主にあるが。

イエスはミカエルではない

イエスが神でなくて神の子なれば、天使それも「天使の頭でありイスラエルの守護天使ミカエル」と言えば、何となく辻褄が合う。このミカエルはダニエル書に出ている。

わたしを助けて、彼らと戦う者は、あなたがたの君ミカエルのほかにはありません。
（ダニエル書／一〇章二一節）

この「わたし」は、イエスがしばしば自分のことを人の子のような者（ダニエル書／一〇章一六節）と言われたことから、また、そのからだは緑柱石のごとく、その顔は電光のごとく、その目は燃えるたいまつのごとく（ダニエル書／一〇章六節）とあり、黙示録一章の一四より一六節に出てくるキリストの姿と同じだから、キリストのことであるのは明らかである。だから、キリストとミカエルは全く別のものであるのは明らか。

それなのに、ものみの塔の本には次のようにある。

ダニエル書一二章一節を成就するために「大いなる君」として立ち上がるミカエルは、神の右におられる主イエス・キリストです。（御心が地に成るように／三二一頁）

キリストが「造られた」という言葉は皆無

ものみの塔もキリストが父とともに万物を造られたことは言うが、このキリストは父によって造られたと言う。なるほど彼が天使ということになれば、そういうことになろう。だが、彼が天使とは聖書のどこを見ても読めないように、「造られた」という言葉はどこにもない。あるのは「生まれた」とか「得ておられた」という言葉だけである。

彼について「生んだ」とあるのは、「詩篇／二篇七節」とこの引用の「使徒行伝／一三章三三節」と「ヘブル人への手紙／一章五節と五章五節」にある。このヘブル語もギリシャ語も生むとか産むという意味以外になく、造るや作るに合う種々の言葉とは全く異なっている。また「御子は見えない神のかたちであって、すべての造られたものに先だって生れたかたである（コロサイ人への手紙／一章一五節）」の「先に生れた方」が問題になる。このギリシャ語は「プロートトコス」で、これにも造られたという意味は全くない。もしそういう意味を表したいなら、先に造られたという意味の「プロートキストス」の言葉を使わないとおかしい。

ものみの塔の「新世界訳聖書」では、「全創造物の初子です」とある。ということは、これによって生き物も命のないものも生むも造るという言葉も一緒にして、キリストが全創造物の初子であるのは、最初に造られたからだと言いたいようだったが、全くそういう意味はない。このコロサイ人への手紙のこの箇所と類似しているのは、蔵言八章二二節より三一節である。この中でも問題は、二二節である。

主が昔そのわざをなし始められるとき、そのわざの初めとして、わたしを造られた。

（蔵言／八章二二節）

この「造られた」という言葉は、カーナーという語だが、改訂訳の聖書では「得ておられた」となっているように、「造られた」は全くの誤訳であって、ものみの塔の「新世界訳」でも「産み出された」となっている。その語は聖書中七五回ほど使われ、五三回は「買う」で、一六回は「得る」と訳されているように、「創造する」「造る」というような意味は全くない。

他に唯一「造る」と訳されているのは、「あなたはわが内臓をつくり、わが母の胎内でわたしを組み立てられました（詩篇／一三九篇一三節）」の「つくり」にある。そのつくるはちょうど、木から新芽が出るような有様を言うのであろう。キリストは「主の枝（イザヤ書／四章二節）」と呼ばれているので、これから私たちは御子が父からまるで新しい枝が出るように生まれたと想像できる。

エホバの証人の方に「主は造られたのではなく、生まれたのだ」と言うと、「神は女か、父がどうして子を生むのか」と反論される。しかし発生、流出のように考えれば男から生まれると考えられよう。

他に二三節の「立つ」という言葉が偶像を「鋳る」という言葉で二つ使われ、二四節二五節にある「生れる」と訳されている言葉も詩篇九〇篇二節で造られたと訳し得る以外、すべて「造る」という訳は無理である。ギリシャ語の「ゲナーオ」も「生む」であって「造る」の意はないようである。だが、エホバの証人はこの語に「つくる」の意味がある（**神が偽ることのできない事柄／一二三頁**）と言う。

このように聖書の字句を丁寧に調べれば調べるほど、エホバの証人の十八番と言うべき「キリストは造られた御方」という説はますます怪しくなってくる。

イエスは神か

次に、聖書中イエスを神（原語はセウス）と書いてあるのではないかとよく問題にされる箇所を検討してみよう。

・初めに言があった。言は神と共にあった。言は神であった。（ヨハネによる福音書／一章一節）

・初めに言葉がおり、言葉は神（Ｇｏｄ）と共におり、言葉は神（ａ ｇｏｄ）であった。である（以降同様）。

先に記したのが日本聖書協会訳で、後に記したのがエホバの証人の使用している新世界訳である（以降同様）。

その「言」は、一四節から明らかにキリストのことである。これについてはヘンリー・シーセンが「このｔｈｅｏｓの前に冠詞がないことは、それが述語であることを示している。神はどのような方かということでなく、ｌｏｇｏｓがだれかという問題をとりあげているわけである（組織神学／二三六頁）」と書いている。

この説は伝統的見解なのかもしれないが、どうもおかしい。それはすぐ後の四節の「そしてこの命は人の光であった」の「光」には述語なのに冠詞がついている。また八節の「彼は光ではなく」の光も冠詞がある。以下、言うまでもなく、同形の文の名詞には、たいてい、それが述語であろうと冠詞がある。だから、このヨハネによる福音書一章一節の「ことばは神であった」の神（ｔｈｅｏｓ）に冠詞がないのは、述語のためであるというのはおかしい。現代イギリスの代表的聖書学者で聖書のギリシャ語の権威であるウイリアム・バークレーは次のように言っている。

ヨハネは冠詞なしに言葉はセオスであったというのである。言葉は神と全く同じ人格、素質、本質を持つという意味である。ヨハネが言葉は神であったといったとき、彼はイエスは神と同一者であるといったのではない。彼はイエスが精神において、心において、また実在において神と全く完全に同じであり、私たちがイエスのうちに、完全に、神はどのようなおかたであるかを見るのである。私たちはイエスの内に神を完全に見る、といったのである。（ヨルダン社刊・ヨハネ福音書／五三頁）

イエスが神というのではなく、イエスの内に神を見出すのである。「神を見た者はまだひとりもいない。ただ父のふところにいるひとり子なる神だけが、神をあらわしたのである（ヨハネによる福音書／一章一八節）」とあるが、これが聖書全巻のメッセージなのである。「イエスは神」というのと「彼の内に神を見る」というのとは、似ているようだが、その認識の差は天地の差に等しい。

バークレーと同じことが、大阪聖書学院の出している新約聖書ギリシャ語小辞典にも記されている。

　原則としてθεοςと無冠詞で使われる時には神的本質を指し（ヨハネ1：1等）、οθεοςと冠詞つきで使われる時には人格神としての神を指し示す（Dana－Mantey）。（大阪聖書学院刊・新約聖書ギリシャ語小辞典／一五一頁）

・ただ父のふところにいるひとり子なる神だけが、神をあらわしたのである。（ヨハネによる福音書／一章一八節）
・父に対してその懐の位置にいる独り子の神こそ、彼について説明したのである。

この「ひとり子なる神、独り子の神」は古代写本でも異同のあるところで、単に「ひとり子」と訳す者もいる。塚本虎二は、その福音書の中で、次のように訳している。

ただ、いつも父上の胸に寄り添っておられる独り子（のキリスト）だけが（わたしたちに

かみを）示してくださったのである。（岩波文庫・ヨハネ福音書／二七六頁）（＊小文字は、訳者の意味の補充である）

またイエスを神として示す言葉セウスがここにあるのを認めても、一章一節の「言葉は神であった」という言葉の「神」と同じことが言える。バークレーはこれについて言う。

ここには、この章の第一節にあったのと、同じ表現形式が存在する。これはイエスが神と同一視されるという意味ではない。それは、精神と属性と存在において、イエスは神とひとつである、という意味なのである。（ヨハネによる福音書・上／一〇一頁）

・神を自分（イエス）の父と呼んで、自分を神と等しいものとされたからである。（ヨハネによる福音書／五章一八節）

・神を自分の父と呼んで、自分を神に等しい者としているという理由であった。

文中にある（イエス）は筆者による補足である。ものみの塔は、これはパリサイ人が言った言葉なので間違いだと言うが、文の流れからいって、明らかにイエス自身が「自分と神を同じ」とされたのである。聖書協会訳では、これを他には「合う、同じ、たぶん」と訳している。「等しい」と訳しているのは、次の聖句だけである。

キリストは、神のかたちであられたが、神と等しくあることを固守すべき事とは思わず、

かえって、おのれをむなしうして僕のかたちをとり、人間の姿になられた。(ピリピ人への手紙／二章六、七節)

これからイエスが「等しくされた」という言葉の意味がわかる。それも神だというより、「神のかたち」とある。ここに、やはりイエス・キリストの立場が正確に表現されているのではないだろうか。「神」と「神のかたち」とは、その本質の面から見れば全く同じだが、救いが具体的、現実的になったという意味では雲泥の差である。

・トマスはイエスに答えて言った、「わが主よ、わが神よ」(ヨハネによる福音書／二〇章二八節)

・それに答えてトマスは彼に言った、「わたしの主、そしてわたしの神!」

ここでトマスはキリストを神と呼んでいる。そしてそれを「あなたはわたしを見たので信じたのか……」と言って、トマスの信仰告白を受け入れている。もし間違っていたなら、とがめられただろうからである。

だが正確に言うと「わが主」でとどめるべきで、「わが神」まではちょっと言いすぎだと思われる。トマスはおっちょこちょいであるので、その辺がセーブできない点がここにも出ている。だが、神というのは絶対間違いというわけではないから、ものみの塔のように、神でないと言うのは言いすぎであろう。

またイエスを見て、彼の内に働いておられ、彼を復活させた父なる神に「わが主、わが神」と言ったとも言えよう。だが、この説はちょっと不自然な感じもするが。

・わたしたちは、真実なかたにおり、御子イエス・キリストにおるのである。このかたは真実な神であり、永遠のいのちである。（ヨハネの第一の手紙／五章二〇節）
・わたしたちは、み子イエス・キリストによって、真実な方と結ばれています。その方こそまことの神であり、永遠の命です。

これは新世界訳のほうが正しいようだ。「このかた」が真実なかた（父なる神）を指すのか、イエス・キリストを示すのかが問題になる。文法的にはキリストだが、一般には神を指すとされる。（いのちのことば社刊・新聖書注解3／四二二頁参照）。全体の流れからいってもそうだろう。

・祝福に満ちた望み、すなわち、大いなる神、わたしたちの救い主キリスト・イエスの栄光の出現を持ち望むようにと、教えている。（テトスへの手紙／二章一三節）
・そしてわたしたちは、幸福な希望と、偉大な神およびわたしたちの救い主キリスト・イエスの栄光ある顕現とを待っているのです。

学者の間でも異論の出るところだが、「大いなる神」と「わたしたちの救い主」いう語の間にちょうど英語のａｎｄに相当する接続詞が入っている。これは「そして」とも「即ち」とも訳せる語だが、前者「大いなる神＝キリスト」の訳はやはり無理のように思う。

・私たちの神であり救い主であるイエス・キリストの義によって……（新改訂訳聖書・ペテロ第二の手紙／一章一節）

・わたしたちの神と救い主イエス・キリストの義により、……

これは、ものみの塔の訳のほうが原意に近いようだ。日本聖書協会訳でも他の多くの英文の聖書を見ても新世界訳と同じである。だから「新改訂訳聖書」の訳は疑問のあるところである。

・見よ、わたしはすぐに来る。……（黙示録／二二章一二節）わたしはアルパであり、オメガである。最初の者であり、最後の者である。（黙示録／二二章一三節）わたしイエスは、使をつかわして、諸教会のために、これらのことをあなたがたにあかしした。

（黙示録／二二章一六節）

こういう文の共通点を取り出すとイエスは神としか読めない。最初（アルパ）にして最後（オメガ）の者は唯一の神だからである。これをエホバの証人は、一五節と一六節の間にかぎカッコを入れることで一五節と一六節を分け、イエスは神でないとするのである。それも可能であろう。だが「すぐ来る方」とはイエス・キリストとしか考えられない。そのすぐ来るキリストが「初めであり、終わりである」ということになると、キリストは神としか読めなくなる。

聖書で唯一、確かにイエスは神と読めるのは聖書の最後のここである。それまでは実はないというのが正しいであろう。論理的に言っても。もしそれまでに神とあると、人と神との間に立つ方がおられなくなるので、人は救われなくなってしまうからである。黙示録の最後にこれらの言葉があるのは、もう救われるべき人がすべて救われてしまったので、神と呼ばれてよいのであろう。だが、それも「イエスは神である」と直接に表された文ではないのである。

・ひとりのみどりごがわれわれのために生れた、………その名は、「霊妙なる議士、大能の神、とこしえの父、平和の君」ととなえられる。（イザヤ書／九章六節）

・わたしたちのためにひとりの子供が生まれ、……そして彼の名は〝くすしき助言者〟〝力ある神〟〝平和の君〟と呼ばれるであろう。

この「大能の神」はキリストに関する預言であるとは、エホバの証人も認めるのであるが、エホバは必ず「全能の神」と言うはずだとへりくつをつける。だがすぐ後の一〇章二一節には「残りの者、すなわちヤコブの残りの者は大能の神に帰る」とある。この「大能の神」はエホバに違いない。もっとも唱えられるとは、事実はそうでなくても、そのように呼ばれるという場合もあり得る。

・見よ、おとめがみごもって男の子を産むであろう。その名はインマヌエルと呼ばれるであろう」。これは「神われらと共にいます」という意味である。（マタイによる福音書／一章二三節）

これからイエスが地上に来てわれらと共にいた」、ということが「神が共にいる」ということにつながる。それで「イエスは神」という者もいるのだが、彼の来臨によって、父なる神様が私たちのところに来られ、共にいて下さるようになったという意味が正しい。これは次のヨハネの言葉において明らかである。

そして言は肉体となり、わたしたちのうちに宿った。わたしたちはその栄光を見た。それは父のひとり子としての栄光であって、めぐみとまこととに満ちていた。……ただ父のふところにいるひとり子なる神だけが、神をあらわしたのである。（ヨハネによる福音書／一章一四、一八節）

このように聖書をよく調べると「イエスが神である」という直接の言葉は、ほとんどないとわかる。だが、これだけを捉えて「イエスは神でない」と言うのは誤りであろう。

というのは、イエスは人の罪ゆえに深い解離と断絶の中に置かれている神と人との間に立ち、救い主としての用をされている。だから、彼が単に神となれば人と離れてしまい、単に人となれば神から離れてしまう。それゆえに神であるとともに人でもある。あるいは神であって神でない、人であって人でないという立場に立っておられるのである。

人は罪ゆえに、神とは水と油のような関係にある。だから、もし救い主が水になっては油との交わりを持てないし、油になっては水との交わりを持てない。キリストは両方を溶かすアルコールのような立場におられる。それは人から見れば神であり、神から見れば人なのである。

第四章　キリストの内に神を見る

ただ父のふところにいるひとり子なる神だけが神をあらわしたのである。

ヨハネによる福音書／一章一八節

文章全体から見ると

ものみの塔は父なる神だけを神と見るので当然、エホバとは御子キリストを含まないと言う。即ちイエスはエホバではないと言う。しかし聖書をよく調べると、エホバがそのままキリストであるとしか考えられない文節が多数ある。先に書いたのが新約であり、後にあるのが旧約からの引用である。旧約の「主」はみな「エホバ」である。

①・わたしは世の光である。（ヨハネによる福音書／八章一二節）

・主はわたしの光、わたしの救だ（詩篇／二七篇一節）

②・アブラハムの生れる前からわたしは、いるのである。（ヨハネによる福音書／八章五八節）

・アブラハムの生れる前からわたしは有る（出エジプト記／三章一四節より要約）

ヨハネによる福音書の「わたしはいる」と出エジプト記の「わたしは有る」という重要な言葉は、ギリシャ語訳聖書では全く同じ言葉である。それで自分を神とするものとしてイエスに石を投げて殺そうとした。（ヨハネによる福音書八章五九節、一〇章三三節参照）

エホバという神名の原意と考えられる「わたしは有る」という言葉は、他に六章二〇節や一八章六節にある。イエス自らがエホバであると言われたようなものである。

③・わたしはよい羊飼である。（ヨハネによる福音書／一〇章一一節）
・主はわたしの牧者であって、わたしには乏しいことがない。（詩篇／二三篇一節）
④・イザヤがこう言ったのは、イエスの栄光を見たからであって、イエスのことを語ったのである。（ヨハネによる福音書／一二章四一節）
・わたしの目が万軍の主なる王を見たのだから。（イザヤ書／六章五節）
⑤・そういって、彼らに息を吹きかけて仰せになった、「聖霊を受けよ……」（ヨハネによる福音書／二〇章二二節）
・命の息をその鼻に吹きいれられた。そこで人は生きた者となった。（創世記／二章七節）

ダビデはイエスについて、こう言っている。

⑥・わたしは常に目の前に主を見た。主は、わたしが動かされないため、わたしの右にいて下さるからである。……（使徒行伝／二章二五節）
・わたしは自分の前に絶えずエホバを置きました。（神が）わたしの右にいてくださるので、わたしはよろめかされることがありません。（新世界訳・詩篇／一六篇八節）
⑦・わたしたちの主イエス・キリストの御名を至る所で呼び求めているすべての人々と共に（コリント人への第一の手紙／一章二節）
・すべて主の名を呼ぶものは救われる。（ヨエル書／二章三二節）

⑧・この岩はキリストにほかならない。（コリント人への第一の手紙／一〇章四節）
・主は岩であって……（申命記／三二章四節）
⑨・キリストはわたしたちの平和であって、………（エペソ人への手紙／二章一四節）
・それを「主は平安」と名づけた（士師記／六章二四節）
⑩・わたしは初めであり、終りであり、また、生きている者である。わたしは死んだことはあるが、見よ、世々限りなく生きている者である。そして、死と黄泉とのかぎを持っている。（黙示録／一章一七、一八節）
・万軍の主はこう言われる、「わたしは初めであり、わたしは終りである。わたしのほかに神はない……」（イザヤ書／四四章六節）
⑪・イエス・キリストは、きのうも、きょうも、いつまでも変ることがない。（ヘブル人への手紙／一三章八節）
・主なるわたしは変ることがない。（マラキ書／三章六節）
⑫・主よ、あなたは初めに、地の基をおすえになった。もろもろの天も、み手のわざである。これらのものは滅びてしまうが、あなたは、いつまでもいますかたである。（ヘブル人への手紙／一章一〇、一一節）

これは詩篇一〇二篇二五節二六節からの引用で、「御子」について言われている。新世界訳では、旧約の引用の場合「主」という言葉はエホバと訳すのだが、ここに限っては「主よ」と訳している。そうでないとイエスがエホバになってしまうから、そうしたのであろう。これこそ、エホバがキリストと文脈上解釈せざるを得ないところである
⑬・わたし（イエス）の証人となるであろう。（使徒行伝／一章八節）
・あなたがたはわが（エホバの）証人（イザヤ書／四三章一〇、一一節）
文中の（イエス）、（エホバの）は筆者による補足である。

礼拝の対象としてのキリスト

人が拝み、祈り、信じ、讃美する超自然的な存在とは、神以外に考えられない。今、神にしかしてはいけない、それについて見ると「主なるあなたの神を拝し、ただ神にのみ仕えよ（マタイによる福音書／四章一〇節）」にある「拝す」という言葉と同じ、それ（プロスキュネオー）がイエスだけに対しても八回使われている。

イエスは人々の礼拝を受けておられる。これに対しペテロや御使いは、これを拒む。ペテロは言う「お立ちなさい。わたしも同じ人間です（使徒行伝／一〇章二六節）」と。御使いについては、ヨハネが礼拝しようとすると「そのようなことをしてはいけない。わたしはあなたと同じ僕仲間であり、またイエスのあかしびとであるあなたの兄弟たちと同じ僕仲間である。ただ神だけを拝しなさい（黙示録／一九章一〇節）」とある。

御使いなら礼拝してはいけない。だが、イエスに対しては礼拝が捧げられている。だから彼は言わば神であって、天使あるいは天使長ではあり得ない。

神でないものを拝んだとなれば、造られたものを拝んだことになり罪になる。だから「キリストをエホバから造られた」とするものみの塔の新世界訳では、これを「敬意をささげる」と訳している。これは聖書に忠実でないのは明らかである。

例えば「神の御使たちはことごとく、彼を拝すべきである（ヘブル人への手紙／一章六節）」とある。これをものみの塔の新世界訳では、「彼に敬意をささげよ」と訳している。日本聖書協会訳では、この言葉（プロスキュネオー）は他に一八回この訳（拝す）にされている。全体で言うと拝する対象は、神に七回、イエスに九回使われている。他にペテロを間違えて拝もうとした（使徒行伝／一〇章二五節）のと、天使を拝もうとして「そのようなことをしてはいけない」と言われた（黙示録／二二章九節）例が一つずつあるだけである。

このプロスキュネオーを他の言葉に訳されているのも整理すると次のようになる。
・礼拝する……ヨハネによる福音書四章他一六回。
・拝む…………赤子のキリストを拝むなど一八回。
・伏し拝む……黙示録に二回。
・ひれ伏す……マタイによる福音書八章二節にあるだけで、らい病人がイエスにしているので、礼拝と同じ。

・平伏する……黙示録三章九節にあるだけで、これは土下座するというような意味である。
・ひざまずく……マタイによる福音書／二〇章二〇節とルカによる福音書／四章七節にある。
前者はそのあと「（イエスに）何事かお願いした」とあるので「拝した」という意味である。後者は悪魔が自分を拝めという意味で、「わたしの前にひざまずくなら、全部あげる」と言っている。
・哀願した……マタイによる福音書にのみあり、僕《しもべ》が王に願っている、これは譬《たとえ》だから神に祈っているのと同じである。
このように訳を丹念に調べると、このプロスキュネオーという言葉には「おじぎをする」というような意味はなく、「拝む、祈る」という意味しかないとわかる。これに対しエホバの証人では「プロスキュネオー」の全部を「崇拝する」と「敬意をささげる」の二通りに訳している。それも協会訳が「拝する」として訳している一八箇所を調べると、前者に八回、後者の訳に一〇回使い、キリストに対し「崇拝する」という訳を絶対しないようにしている。

原語が同じなら同じ訳語を当てるのが正しい翻訳と思うのだが、どうもこういう訳業をしているのを見ると、聖書本文を自説のドグマに合わせようと故意に原意を曲げているとしか思えない。
・祈る………ステパノの殉教の記録がある。彼は死ぬ直前「主イエスよ、わたしの霊をお受け下さい」と祈っている（使徒行伝／七章五九節）。これを新世界訳では、五九節はこのまま「主イエス」とするが、六〇節には「エホバ」と変えている。原本文はどちらも同じキューリオスなのにである。このへんのところが全く聖書に忠実でない証拠ではないだろうか。

わたしは彼を離れ去らせて下さるようにと、三度も主に祈った。（コリント人への第二の手紙／一二章八節）

パウロはイエスにこのように祈っている。この主は新世界訳でも同じく「主」である。

・名を呼ぶ……パウロはキリスト信者を、時に次のように呼んでいる。文字通りイエスを主と呼んで彼に祈っていたのだろう。

わたしたちの主イエス・キリストの御名を至る所で呼び求めているすべての人々と共に（コリント人への第一の手紙／一章二節）

実際、イエスの名を呼び求めるもの（それは祈り求めるということだろう）は救われるのである。なぜなら「主の御名を呼び求める者は、すべて救われる（ローマ人への手紙／一〇章一三節）」とあるからである。この主とは、前後のつながりからキリストと考えるしかないのだが、新世界訳ではエホバと訳している。旧約の引用だからそうしたのだろう。ここにもイエスとはエホバのことと考えざるを得ない根拠がある。

何事でもわたしの名によって願うならば、わたしはそれをかなえてあげよう。（ヨハネによる福音書／一四章一四節）

イエスの名によって祈るなら、イエス自身が答えて下さる。

・信じる……礼拝とか祈る、信じるといった実際の宗教的行為から見ると、イエス・キリストは神としか考えられない多くの言葉がある。ということは、キリストが父の神に結びつく唯一の道ということなのだろう。

神を信じ、またわたしを信じなさい。（ヨハネによる福音書／一四章一節）

わたしを信じる者は、わたしを信じるのではなく、わたしをつかわされたかたを信じるのであり、………（ヨハネによる福音書／一二章四四節）

御子を信じるものは、永遠の命を持つ。（ヨハネによる福音書／三章三六節）

主イエスを信じなさい。そうしたら、あなたもあなたの家族も救われます。（使徒行伝／一六章三一節）

では、神は唯一という言葉との関連から、御子キリストをどう考えたらよいのだろうか。

ただ「神」とある場合は

このように聖書をよく調べてみると、イエスを神のように認め、信じ、礼拝している。だが、「イエスは神だ」と読めるところはまずない。無理に読めばあるが、聖書全体から見れば、それは非常に少ない。その大部分は「神の子」あるいは「主」である。

そして人が救われるにはあの十字架にかけられたイエスを「神の子」あるいは「主」と信じることが条件であって、「イエスを『神』と信じよ」という意味の言葉は全くないのである。聖書で神とあるのは、父なる神だけを指しているようである。

次の場合など、どう考えてもそうである。

このイエスを、神はよみがえらせた。（使徒行伝／二章三二節）

神はこのキリストを立てて、その血による、信仰をもって受くべきあがないの供え物とされた。（ローマ人への手紙／三章二五節）

主イエス・キリストの恵みと、神の愛と、聖霊の交わりとが、あなたがた一同と共にあるように。（コリント人への第二の手紙／一三章一三節）

救は、御座にいますわれらの神と小羊からきたる。（黙示録／七章一〇節）

このように聖書のどこを調べても「神」とある言葉は、すべて父なる神を指しているのは明らかで、聖書全体を見ると「神」とは、父だけを指し、「主」は父と子の両方を指すようである（むろん日常の言葉としては目上の人を指す場合としても出てくるが）。この原則はほぼ聖書全巻に貫かれている。

唯一の神

では次に、神は唯一と言われる時はどうなのか調べてみよう。

永遠の命とは、唯一の、まことの神でいますあなたと、また、あなたがつかわされたイエス・キリストとを知ることであります。（ヨハネによる福音書／一七章三節）

これより唯一と言われる時、父なる神を指しているのは明らかである。

イエスは言われた、「なぜよい事についてわたしに尋ねるのか。よいかたはただひとりだけである。……」（マタイによる福音書／一九章一七節）

また、地上のだれをも、父と呼んではならない。あなたがたの父はただひとり、すなわち、天にいます父である。また、あなたがたは教師と呼ばれてはならない。あなたがたの教師はただひとり、すなわち、キリストである。（マタイによる福音書／二三章九、一〇節）

この「よいかた」と「父」とは、ともに父なる神を指し、ただ一人である。なお、ものみの塔では「先生」「教師」、特に「牧師」と呼んではいけないと言い、この箇所を指摘するのだが、そうなると家庭でも「お父さん」と言ってはいけないということになってしまう。

唯一の知恵深き神に、イエス・キリストにより、栄光が永遠より永遠にあるように（ローマ人への手紙／一六章二七節）

この唯一の神は父なる神を指すのは明らかで、また唯一という時、父なる神だけを指しているとわかる。

また、唯一の神のほかには神がないことを、知っている。……わたしたちには、父なる唯一の神のみがいますのである。万物はこの神から出て、わたしたちもこの神に帰する。また、唯一の主イエス・キリストのみがいますのである。万物はこの主により、わたしたちもこの主によっている。（コリント人への第一の手紙／八章四、六節）

神は唯一であり、神と人との間の仲保者もただひとりであって、それは人なるキリスト・イエスである。（テモテ人への第一の手紙二章五節）

実に、きよめるかたも、きよめられる者たちも、皆ひとりのかたから出ている。それゆえに主は、彼らを兄弟と呼ぶことを恥とされない。（ヘブル人への手紙／二章一一節）

ここで言う「きよめるかた」とはキリストのことであるから、「ひとりのかた」とは唯一の父なる神を指すのは明らかである。

わたしたちの救主なる唯一の神に、栄光、大能、力、権威が、わたしたちの主イエス・キリストによって、世々の初めにも、今も、また、世々限りなく、あるように、アァメン。（ユダの手紙／二五節）

このように唯一の神と言われれば、父だけを指しているとわかる。すると、唯一の神の元になった次の言葉が何を意味するかわかろうというものである。なお、文中にある（エホバ）は筆者による補足である。

われわれの神、主（エホバ）は唯一の主（エホバ）である（申命記／六章四節）

主（エホバ）は言われる、「………わたしより前に造られた神はなく、わたしより後にもない。ただわたしのみ主（エホバ）である。わたしのほかに救う者はいない。」（イザヤ書／四三章一〇、一一節）

主なるわたしたちの神は、ただひとりの主である。（マルコによる福音書／一二章二九節）

ここに明らかに唯一の神は主（エホバ）で、当然また「ただひとり」とある。では、御子イエス・キリストは神ではないのか？　いや神であり、エホバなのである。だが正確に言うと「神の子」であり、「エホバの子」なのである。だが、にわとりの子はひよこであってもにわとりであるように、また人間の子が人間であるように神の子は神である。

天皇の名代―皇太子

父なる神と御子との関係は、ちょうど「天国は、ひとりの王がその王子のために婚宴を催すようなものである。………（マタイによる福音書／二二章二節）」とあるように「王と王子」あるいは「主人とその跡取り息子」の関係と考えてよいだろう。

マタイによる福音書二一章三三節より四一節にあるイエスの例え話を見ると、葡萄園はユダヤあるいはキリスト教会を指し、主人は父なる神、僕は預言者、跡取りは殺されたのだからキリストを指すのは明らか。

王と王子は、日本で言えば天皇と皇太子である。現皇太子は天皇の代理で様々な仕事をしておられる。それはもう天皇と言ってよいほどである。だから、彼を天皇と呼ぶ者がいても誰もとがめないだろう。実際、彼が来られたら天皇自身が来られたぐらいに、もう日本人は思っているのだから。だが正確に言うと、現在彼は皇太子であって天皇ではない。天皇は一人、皇太子も一人であり、お互いに別の人間であり、天皇が皇太子と入れ替わるということはない。

ちょうど現皇太子が天皇からいろいろな権限を委嘱されて、天皇に代わって様々な仕事をしているように、神の皇太子たるイエスは、唯一の神に代わって様々な働きをされる。それも僕（天使）では絶対代理でやれないような「息子しかできない仕事」をされる。

父が死人を起こして命をお与えになるように、子もまた、そのこころにかなう人々に命を与えるであろう。父はだれをもさばかない。さばきのことはすべて、子にゆだねられたからである。（ヨハネによる福音書／五章二一、二二節）

わたしは死んだことはあるが、見よ、世々限りなく生きている者である。そして、死と黄泉とのかぎを持っている。（黙示録／一章一八節）

わたしを信じる者は、……わたしをつかわされたかたを信じるのであり、また、わたしを見る者は、わたしをつかわされたかたを見るのである。（ヨハネによる福音書／一二章四四、四五節）

わたしを受けいれる者は、わたしをつかわされたかたを、受けいれるのである。（ヨハネによる福音書／一三章二〇節）

わたしを見た者は、父を見たのである。……父がわたしのうちにおられてみわざをなさっているのである。（ヨハネによる福音書／一四章九、一〇節）

万民を支配する権威を子にお与えになったのですから。（ヨハネによる福音書／一七章二節）

彼らはあなたのものでありましたが、わたしに下さいました。（ヨハネによる福音書／一七章六節）

このように、イエスは神にしかできない様々な力を持っておられた。悪霊を追い出す権威、罪を許す権威、聖霊を与える権能、地獄あるいは天国にやる権威など、すべてのものの生死存亡を決する権限である。

わたしは、天においても地においても、いっさいの権威を授けられた。（マタイによる福音書／二八章一八節）

これらはすべて神から来るものである。

神によらない権威はなく、おおよそ存在している権威は、すべて神によって立てられたものだからである。（ローマ人への手紙／一三章一節）

父から受けたものだから、御子はこれを父に返される。

それから終末となって、その時に、キリストはすべての君たち、すべての権威と権力とを打ち滅ぼして、国を父なる神に渡されるのである。………そして、万物が神に従う時には、御子自身もまた、万物を従わせたそのかたに従うであろう。それは、神がすべての者にあって、すべてとなられるためである。（コリント人への第一の手紙／一五章二四、二八節）

このように理解すれば、神は唯一だが、イエスも矛盾なく神であり得ることがわかったのではないかと思う（御霊についての問題はまだ解決していないので、後述する）。

ではなぜ「イエスを神と信じる」のは、誤りではないが正確ではないと言えるのか、もう一つ大切な問題を考えてみよう。聖書には次のように書いてあるのである。

①イエスは神に至る唯一の道である。

だれでもわたしによらないでは、父のみもとに行くことはできない。（ヨハネによる福音書／一四章六節）

②イエスを信じるとは、父なる神を信じることである。

わたしを信じる者は、わたしを信じるのではなく、わたしをつかわされたかたを信じるのであり………（ヨハネによる福音書／一二章四四節）

③イエスは神の大使である。

わたしを受けいれる者は、わたしをつかわされたかたを、受けいれるのである。（ヨハ

ネによる福音書／一三章二〇節）
④わたしたちが神の声を聞くのは、イエスにおいてである。
この言は初めに神と共にあった。（ヨハネによる福音書／一章二節）
⑤私たちが神の姿を見るのは、イエスにおいてである。
わたしを見た者は、父を見たのである。（ヨハネによる福音書／一四章九節）
御子は神の栄光の輝きであり、神の本質の真の姿であって、………（ヘブル人への手紙／一章三節）
⑥わたしたちが神のみわざを見るのは、イエスの行為においてである。
父がわたしのうちにおられて、みわざをなさっているのである。（ヨハネによる福音書一四章一〇節）

これらのことは、言い換えれば、イエスの内に神を認めよ、イエスのように神と一体である人は全宇宙に誰もいない、ということである。これは、イエスにおいて初めて神を体験することができる、あるいは神と結び付くことができる、ということである。

ということは、これは決してイエスが神だということではないのである。イエスが単に神だということになってしまうと、言わば雲の上の御方となって、われらとの結び付きがなくなり、人を天に救い上げて下さるイエスのみわざが出来ないことになってしまう。そうするとわれわれ人間は、イエスの内に神を見聞きできなくなってしまうからである。

だが、神でないという言い方をすると、イエスの内に神を見、知り、体験できないかのように思われてしまう。これは大変な間違いと言わねばならない。ものみの塔はそういう意味で重大な誤りを犯している。

イエスはまさに神と人との仲保者であるがゆえに、神と人との両方の姿を取られる。そして単に神であってはいけないし、単に人であるだけでもいけない。人が神の内に住めるようになるために来られた神の子は、人の内に住みたもう神である。

だから神は唯一という点から言えば、イエスは神ではない。あるいは父の立場から言えば、神に連れきたる役目をするのだから神ではない。だが、神の身許に連れて行って下さる方であり、神を明らかにする神の姿なのだから、人から見れば神である。かくして御子は、神であって神ではない、人であって人でない立場におられる。

今これを整理すれば、次のようになろう。

唯一の神（エホバ）とは父なる神を指すが、この神の家族にはエホバの姓を名乗る御子（神の子）キリストがいる。そして人間はその御子のゆえに神の種（ヨハネ第一の手紙／三章九節によると聖霊即ち神の霊）を受けることで神の子となり、神の家族になれる。これが救われるということである（だが天使は下男下女だから、神の家にいるが神の家の者ではない）。

これを礼拝の形式で言えば、次のように考える方が正しいと思われる。御霊の助けにより、

イエスの取りなしにより、父なる唯一の神を礼拝する。父なる神↑神の子イエス↑礼拝する人（内より祈りを助ける聖霊）

これからして「神は唯一だが、父と子と聖霊の三位格あるのだ」という伝統的教会の絶対信条、即ち聖書より大切にしている教義は、少し考え直す必要が生まれてくる。

三位一体についての諸問題

いわゆる三位一体とは、唯一の神の本質のうちに、父、子、御霊の三つの人格があるということである。その教理を明確にしたアタナシウス信条には「われらは唯一の神を三位において、三位を一体において礼拝する。しかも位格を混同することなく、本質を分離することなく」とある。

唯一の神とは＝｛父なる神／子なる神／聖霊なる神｝

↑

礼拝する人

古来、この教義に疑問を抱く者は異端とされてきた。何となくおかしいと思いながらも「伝統は正統」という考え方をする人にはずっと信じられてきた。真の異端は「聖書に反する者」であるはずなのに。それで聖書で父と子と聖霊の三位が続けて記されている箇所を探す努力がされる。

エホバの証人は「神は唯一」とあるのに、三人も神様がおられるというのは絶対におかしい。ということで、伝統教会を攻撃する時、この神観を一番の標的にするのである。標的にされるということは、伝統教会の急所であり、また一番弱い部分である。問題を抱えているのである。

三位を一体において礼拝せよとあるが、元来父を礼拝するために子と御霊が働かれるということではなかったのか。これは聖書の次の言葉からも言える。なお、文中にある（イエス）は筆者による補足である。

御霊はわたし（イエス）に栄光を得させるであろう。（ヨハネによる福音書／一六章一四節）

父が子によって栄光をお受けになるためである。（ヨハネによる福音書／一四章一三節）

唯一の知恵深き神に、イエス・キリストにより、栄光が永遠より永遠にあるように、（ローマ人への手紙／一六章二七節）

次の聖書の言葉には、子は父と礼拝されているが、聖霊という言葉はない。

御座にいますかたと小羊とに、さんびと、ほまれと、栄光と、権力とが、世々限りなくあるように。（黙示録／五章一三節）

実際、三位が一体において礼拝されることが大切なら、そういう箇所が聖書にあってもよさそうなものだが、聖書のどこにもない（本書第五章「子たる身分を授ける霊」の「神の手、足、口とは」の項を参照）。というのは、子だけでなく御霊も祭り上げては、人間の救いがなくなってしまうからである。

あなたがたもまた、キリストにあって、真理の言葉、すなわち、あなたがたの救の福音を聞き、また、彼を信じた結果、約束された聖霊の証印をおされたのである。この聖霊は、わたしたちが神の国をつぐことの保証であって、やがて神につける者が全くあがなわれ、神の栄光をほめたたえるに至るためである。（エペソ人への手紙／一章一三、一四節）

ここでも聖霊が礼拝されたり、聖霊に栄光が帰されたりはしていない。聖霊はまた聖霊自身から出るのではなく、キリストから出、神のもとに至る保証となるものである。

三位一体の教理を聖書から証明しようと、父と子の聖霊の三位が続けて記されている箇所を、聖書の中に探す努力がされる。だが、この教義は聖書を調べるうちに導き出されたというよりも、先にこの教理があって、この論理に合う聖書の箇所を探し出し、三位一体は聖書にピッタリだと言っている。だが、これは犯人探しで言えば見込み捜査という代物で、極めて危険性の強いものである。

三位一体の教理がそんなに大切なら、聖書の各所に出てこないとおかしい。だのに、ほとんどない。それも神への礼拝讃美が捧げられるところには出てこないで、神からの働きが必要な時に出てくるだけである。

聖書を読んでいると、神と御子と聖霊が同じ文の上に出てくる。だから、神は三神おられて一つだということを言うなら、次の文では天使あるいは天使長は神になってしまう。

わたしとわたしの言葉とを恥じる者に対しては、人の子もまた、自分の栄光と、父と聖なる御使との栄光のうちに現れて来るとき、その者を恥じるであろう。(ルカによる福音書/九章二六節)

その日、その時は、だれも知らない。天の御使たちも、また子も知らない、ただ父だけが知っておられる。(マタイによる福音書/二四章三六節)

わたしは、神とキリスト・イエスと選ばれた御使たちとの前で、おごそかにあなたに命じる。(テモテへの第一の手紙/五章二一節)

この他に三位一体の聖書的根拠とするところは、そう思えばそう取れるが、そうでないと思えばそうでないとも考えらえるという箇所ばかりである。

教会の歴史から見ると

歴史的に見ても、この三位一体論者が、教会の主流を占め始めるのは、三二五年のニケヤ会議以後である。この会議の議長は、ローマ皇帝のコンスタンチヌスで、かつその経費も彼が負担した。また、帝国の西部からはほとんど出席者がなかった。これだけでも、この会議が正当なものとは言いがたい。教会が国家に指導されてしまっているのである。

ここで三つの見方が提起される。それを整理すると次のようになる。

①アリウス（二五〇年頃～三三六年）の説

キリストは造られたものの初穂で、父の下位にあり、父とは本質が違う存在、父とは、同質、同等ではなく、神的であるが神ではない。

②アタナシウス（二九三年頃～三七三年）の説

キリストは永遠の昔から父とともに存在し、位格は異なるが父と同一の本質である。

③エウセビウス（二四六年頃～三四〇年）の説

キリストは時間以前の永遠において父から生れた。キリストは父に似ている本質あるいは同類の本質である。

この会議で、はじめは三分の二の指導者がエウセビウスの説に賛同した。だが、最後には皇帝の調停によって、少数派だったアタナシウスの説が正統とされてしまう。その辺のところからして問題があるのに、さらに今日の伝統教会で説かれている三位一体論が出現するまでには、さらに七〇年ほど後のアウグスティヌスの登場を待たねばならない。

アタナシウスが三位一体論を主張したといっても、まだ「御子と御霊が父の下にある」と説いていたのであって、アウグスティヌスの言うように「位格の完全な同等」を説いたのではなかった。それだから、今日の正統派と称する人々の絶対信条である三位一体的神観に疑問を抱かざるを得ない。

キリストの昇天からニケヤ会議までおよそ三百年もあるのに、その間キリスト教の指導者は神、特にキリストについてどう考えていたのだろう。普通、常識的に考えれば、キリストの生きた時代や土地に近いほど、キリストやその弟子らの考えに近いと思われるのだが。当時の使徒教父のクレメンスやその弟子で古代最大の学者オリゲネス（一八五年頃～二五四年）らは、どうもカイザリヤ（ユダヤ）の古代最大の教会史家エウセビウスに近い考えをしていたようである。

また三位一体という言葉を初めて言い出したと言われるテルトリアヌスでさえ、御子と御霊は父の下にあると教えていたようである。

ところで、ものみの塔はどちらかというと当時、極少ない宗派であったアリウス説に近い考え方をしていると言えよう。

イエスは「主」

キリスト教はいつから始まったのか、キリストが生まれたクリスマスの日からか。彼が伝道を開始した時からか。いや、そうでは決してない。それはイエスが死に葬られ、三日目に蘇って後、天に昇り、父なる神の右に座し、約束の聖霊を信じる者に初めて与えた日（ペンテコステ）に違いない。

というのは、この日初めて「永遠の生命の実体である聖霊」が注がれたからである（ヨハネによる福音書／七章三九節に「イエスはまだ栄光を受けておられなかったので、御霊がまだ下っていなかったのである」とあることから、彼の昇天前には聖霊は与えられていなかった）。

その同じ日、弟子の頭ペテロは他の一一人と共に起立して、キリスト教創設の宣言をする。その大切なところを挙げると、次のようにある。

このイエスを、神はよみがえらせた。そして、わたしたちは皆その証人なのである。それで、イエスは神の右に上げられ、父から約束の聖霊を受けて、それをわたしたちに注がれたのである。………『主はわが主に仰せになった、あなたの敵をあなたの足台にするまでは、わたしの右に座していなさい』。だから、イスラエルの全家はこの事をしかと知っておくがよい。あなたがたが十字架につけたこのイエスを、神は、主またキリストとしてお立てになったのである。(使徒行伝／二章三二～三六節)

天の王座にあってエホバ神の右に座す「復活したキリスト」、しかも彼は自分を死より解き放った蘇りの聖霊を持っておられ、これを求めるものに与えようとしておられる。となれば、この日からキリスト教が始まったと考えざるを得ない。

だから、イエスを神は「主またキリスト」としてお立てになった日に救いが始まり、人は自分の口で「イエスは主である」と告白して救われる（ローマ人への手紙一〇章九節）ようになったのである。また、使徒パウロは「わたしたちは自分自身を宣べ伝えるのではなく、主なるキリスト・イエスを宣べ伝える（コリント人への第二の手紙／四章五節）」と言っている（注意すべきは、この救いの本質にかかわる大切な聖書の箇所に、エホバの御名を神聖にせよなどとは書いていないことである）。

その上、百回以上、「主キリスト」とか「主イエス」とかいう御子の頭に主を付ける。イエスのことを、このように「主」といつも呼んでいる。これが新約聖書に記された使徒伝来の信仰の中心であり、イエスを「主」としたことからキリスト教が始まったのである。

これは次のような聖句にもよく表れている。

聖霊によらなければ、だれも「イエスは主である」と言うことができない。（コリント人への第一の手紙／一二章三節）

だから、この「主」という言葉をどう理解し信じるかが、救われるか滅びるかの分かれ目になる。

エホバをアドーナーイ（主）と書く訳

旧約聖書では、イスラエル固有の神の名ＹＨＷＨ（ヤハウェ、エホバ）が六五一八回出てくるが、このギリシャ語訳はキューリオス（主、Ｌｏｒｄ）の字が当てられる。ものみの塔以外の普通の教会で使っている聖書は、このギリシャ語訳の聖書セプトアギンタ（七〇人訳聖書、前三世紀に書かれ、イエスの時代一般に用いられた）の伝統にしたがって旧約も新約も同じのキューリオスを使い、その本来の意味である「主」という語を日本語は当てている。

だから、当然「主イエス」とか「主キリスト」と言えば、「エホバの位にいるイエス」「神の位に座して居られるキリスト」といっていると解さなければおかしい。キリストを主、即ち「エホバの呼び名」と信じる（父なる神として信じるという意味ではない）ことで救われると考えざるを得ない。

聖書が旧約と新約を連続した一貫の権威ある書物だと信じる限り、旧約の主人公も新約の主人公も「同じ人格的存在」と見ないと辻褄が合わなくなってしまう。それも旧約の父が新約のキリストというのではなく、旧約で出てこられるエホバの多くは、実は地上に来られる前の御子キリスト（御子は神の御姿だから）なのだという意味であるが。

聖書で「神は主である」という場合、宇宙万物の創造者、神が宇宙と全人類に対する唯一の主権者、生と死の支配者ということである。次のような聖書の言葉は、「イエスが主《エホバ》」であることを充分裏付けている。なお、文中にある（キリスト）は筆者による補足である。
初めに言（キリスト）があった。……すべてのものはこれによってできた。（ヨハネによる福音書／一章一と三節）
わたしは、天においても地においても、いっさいの権威を授けられた。（マタイによる福音書／二八章一八節）
なぜなら、キリストは、死者と生者との主となるために、死んで生き返られたからである。（ローマ人への手紙／一四章九節）
神は主、イエスは主、だから「イエスは神」との三段論法の推理が展開される。だが、よく読まないといけないのは、イエスは「権威を授けられた」とか「主となるために」とあるように、父なる神の働きによって神として権威を受け、その働きをしておられるというように書いてある。
次の、神の座に座るという預言もそうである（むろんイエスは神の子としてもともとそこに座る資格があった方なので、その王座に座るということであって、天使のようにその座に就けるはずのないものが、その功績によってそうなったというのでは、決してないと断っておかねばならないが）。
パリサイ人が集まっていたとき、イエスは彼らにお尋ねになった。「あなたがたはキリストをどう思うか。だれの子なのか」。彼らは「ダビデの子」ですと答えた。イエスは言われた、「それではどうして、ダビデが御霊に感じてキリストを主と呼んでいるのか。すなわち『主はわが主に仰せになった、あなたの敵をあなたの足もとに置くときまでは、わたしの右に座していなさい。（詩篇一一〇篇一節より引用）』このように、ダビデ自身がキリストを主と呼んでいるのなら、キリストはどうしてダビデの子であろうか……」。（マタイによる福音書／二二章四一～四五節、マルコによる福音書／一二章三五～三七節、ルカによる福音書／二〇章四一～四四節）

その「主」と「わが主」はギリシャ語では同じだが、ヘブル語では「エホバ」と「アドーナーイ」になり、違う。この「アドーナーイ」という言葉は、目上の人に対して使われた例では三〇〇回以上あるが、神を指して言う時、四〇〇回以上使われている。

ここでエホバ神がキリストに「その右の座」を与えたもうとある。即ち、ダビデは地上の王だが、イエスには天の王座を与えると預言してある。ダビデが呼んでいる「主」は、彼より目上の人は神しかいないので、単に目上の人に言う言葉遣いを超えて、「エホバの位に座する御方」の意味で語っているのではないだろうか。

書かれた文字と読み方の違い

ユダヤ人は聖書を読む時、エホバを表す聖四文字ＹＨＷＨ（ヤハウェ即ちエホバ）に出会った時、その聖なる名を呼ぶのを恐れてアドーナーイ（主）と呼び換えた。そのアドーナーイという言葉が、御子キリストに対してそのまま言われているということ、この事実は父と御子の関係がそのままここに表れている。父は書かれた文字のように永遠に居ましたもう神、御子はこの神を言い表す言葉として有られる方ということになろう。

初めに言があった。言は神と共にあった、言は神であった。（ヨハネによる福音書／一章一節）

こうヨハネに書かせた背景には、ユダヤ人が伝統的にYHWHをエホバと言わず、アドーナーイ（主）と呼び換えて聖書を読んできたことと、キリスト信者がイエスをアドーナーイ（主）と呼んだ事実があったのであろう、

ということは、ユダヤ人はエホバをアドーナーイと呼ぶことで、知らずにイエスを求めていたのである。こういう伝統があったからこそ、ペテロは「わたしたちを救いうる名は、これを別にしては、天下のだれにも与えられていないからである（使徒行伝／四章一二節）」と言い得たのであろう。

神の右にイエスが座っておられるということは、たとえ父なる神だけをエホバだとしても、礼拝したり讃美したりするのに一緒にせざるを得ない。言わば神様がセットになっているのだから。ものみの塔のいうようにキリストがエホバから造られたものだから、神を拝めば偶像礼拝になるといっても、何しろ父なる神の右にキリストがずぅーとおられるのだから、エ

ホバを拝めばキリストを拝んだことになってしまう。そこであくまで「造られたものは拝まない」と言うなら、父のエホバも礼拝できない。

次の言葉などは、どう解釈するのだろう。

「御座にいますかたと小羊とに、さんびと、ほまれと、栄光と、権力とが、世々に限りなくあるように」。四つの生き物はアァメンと唱え、長老たちはひれ伏して礼拝した。

（黙示録／五章一三、一四節）

今、ここで父と子の関係を整理して表すと、次のようになるだろう。

全能の神　イエス
父……………神の子
ＹＨＷＨ………アドーナーイ
神………………神の呼び名、神のかたち、神の言葉、神に出合える唯一の道
唯一の神………唯一の主
主………………わが主

他人は「本名を語れ」と言う

諸教会は一般にエホバという名を用いることを避けています。中には自分たちの聖書の翻訳からそのみ名を取り除いた人たちもいます。(あなたは地上の楽園で永遠に生きられます/一八五頁)

このようにエホバの証人即ちものみの塔は、常に「神の御名を神聖なものにせよ」と言う。これも何が言いたいのかわかりにくい言葉だが、ようするに唯一の神の名を「エホバ」と言え、救いは「エホバ」という名にある、ということなのだろう。それを言うのが正しい宗派で、それを言わないのが誤りで問題だと言うのである。

確かに旧約聖書だけを見ていると、そう読める。特に次の言葉などそうだ。

「………彼らが『その名はなんというのですか』とわたしに聞くならば、なんと答えましょうか」。神はモーセに言われた、「わたしは、有って有る者」。また言われた、「イスラエルの人々にこう言いなさい、『わたしは有る』というかたが、わたしをあなたがたのところへつかわされた」と」。………ヤコブの神である主が、わたしをあなたがたのところへつかわされました』と。これは永遠にわたしの名、これは世々のわたしの呼び名である。(出エジプト記/三章一三節~一五節)

この「ヤコブの神である主」の主は、エホバ（正確にはヤハウェだが）であり、その意味は「わたしはある」という意味だろうと言われている。

こういうところを読んでいると「エホバ」が正しいのかなと思う。だが新約聖書を読めば、これはおかしいとわかる。福音書を見るとイエスは神を父と呼んでおられ、また主の祈りにおいては神を「父よ」と呼ぶように勧めておられる（エホバの御名がそんなに大切なら、「エホバよ」と呼ぶように言われるであろう）。

それなのに神の本名「エホバ」にこだわるのは他人の証拠で、神の家族でないからそう言うのであろう。恵保馬家の息子、娘が父親に向かって「恵保馬さん」なんて言わないからである。それを言うのは他人である。

キリスト信者はキリストの名にこだわる。正確にいうと主イエス・キリストの名だが。これにこだわるのは、「だれでもわたしによらないでは、父のみもとに行くことはできない（ヨハネによる福音書／一四章六節）」とあるからであり、この名によって神の家即ちエホバ家の息子娘になり、神を父と呼べるようになれたからである。

それなのに「エホバと言え、エホバが正しい呼び方だ」と言うことは、その名が正しいにしても、息子娘が父親に向かって本名で呼ぶような他人行儀なことはしないことからわかるように、彼らがエホバとは無関係な「赤の他人」だという証拠であろう。

ユダヤ人および聖書の伝統

その上、「エホバと呼べ」と言うのは聖書の流れから言えば、これも奇妙な屁理屈である。たいていの教会信徒が普通、旧約聖書で七千回近く使われた「エホバ（正しくはヤハウェ）」の名を使うのを避けるのは、まず次の聖書の言葉による。

あなたは、あなたの神、主の名を、みだりに唱えてはならない。主は、み名をみだりに唱えるものを、罰しないでは置かないであろう。（出エジプト記／二〇章七節）

ユダヤ人は、この言葉にあるようにエホバの名を何度も言うことは主の名を汚すことになる。そして律法に「主の名を汚す者は必ず殺されるであろう（レビ記／二四章一六節）」とあるのだから、それを恐れて、聖書を読む時、エホバの聖四文字ＹＨＷＨに出会うと「ヤハウェ」と呼ばずに、「アドーナーイ」あるいは「アドーニ」と発音した。イエスの時代も同じで、神の名は非常に神聖とされたため、一般の人はそれを知るべきではなく、まして口にすることは神聖を汚すこととされた。

この「アドーナーイ」とは財産所有者を指す「ぬし」、僕に対する主人、妻が夫を呼ぶ時の「主人」等の「主」を意味する言葉であった。またギリシャ語に翻訳する際も「主」に相当する語（キューリオス）を当てている。それで英語や日本語の聖書を造る場合も、このユダヤ人の伝統およびギリシャ語訳聖書の翻訳のあり方を踏襲《とうしゅう》しているのである。それなのに「エホバの証人」と自ら言い、「エホバと言え」と言うのは、主の名をみだりに唱えたことにならないだろうか。

エホバの名でなく、イエスの名によって

聖書の書かれた目的とはなんだろう。ヨハネによる福音書に次のようにある。

イエスは神の子キリストであると信じるためであり、また、そう信じて、イエスの名によって命を得るためである（ヨハネによる福音書／二〇章三一節）

ここにあるように、まず救われるためには、イエスが「神の子キリスト」と信じることである。次に命（その実体は聖霊にある）を手にすることである。それもイエスの名による（注意すべきは、ここに「エホバ」という言葉は一字もない）。神の子となり神の救いに与るには、まず「**その名を信じることによる（ヨハネによる福音書／一章一二節より要約）**」のであって、エホバの名を信じることではない。

「**エホバの名を呼び求める者はみな救われる」のです。（新世界訳ローマ人への手紙一〇章一三節）**

これをそのまま読めば、「エホバ」の名を呼ばないといけないと思う。だが原文に真に忠

実であれというなら、「エホバ」はキューリオスという言葉が使われているのだから「主」と訳さなくてはいけない。そのすぐ前の九節にある「イエスは主であるということを公に宣言し、神は彼を死人の中からよみがえらせたと心の中で信仰を働かせるなら、あなたは救われるのです」の言葉の「イエスは主」の主は、その「エホバ」と同じキューリオスなのである。だから普通に読めば「イエスの名を呼ぶ者は救われる」と解すべきところである。

だが新世界訳では、これを旧約のヨエル書二章三二節の引用であるとして、そのヘブル語原文にしたがって「エホバ」としている。ユダヤ人も、実際これをエホバと読まず「アドーナーイ（主を意味するヘブル語）」と読んだのにである。

その点では全くの間違いという訳ではないが、翻訳というのは意訳をしてはいけない。また、固定観念をもって原意を変えるようなことは正しくない。そのギリシャ語聖書原文のままに訳すべきであろう。とにかく新世界訳にはこういうふうに「キリストはエホバではない」とのドグマを裏付けたい意図が見え見えである。聖書原文をちゃんと読めば、旧約のエホバが新約のキリストになっているのだから、そのまま認め、訳すべきであろう。

われらの助けは天地を造られた主のみ名にある。（詩篇／一二四篇八節）

キリストは天地を造られたお方である（ヘブル人への手紙一章二節、コロサイ人への手紙一章一六節より要約）から、主とはキリストと考えてよい。

このように聖書をしっかり読むと、救いは「エホバ」の名によるのでなく、「主イエス・

キリスト」の名によるとわかる。
この人による以外に救はない。わたしたちを救いうる名は、これを別にしては、天下のだれにも与えられていないからである。（使徒行伝／四章一二節）
救いとは、神による再創造である。それもキリストによるのであって、エホバによるのではない。
だれでもキリストにあるならば、その人は新しく造られた者である。（コリント人への第二の手紙／五章一七節）
だから使徒たちが教え伝えたのは、決してエホバではなく、イエス・キリストであった。
使徒たちは……そして、毎日、宮や家で、イエスがキリストであることを、引きつづき教えたり宣べ伝えたりした。（使徒行伝／五章四二節）
ところが、ピリポが神の国とイエス・キリストの名について宣べ伝えるに及んで、男も女も信じて、ぞくぞくとバプテスマを受けた。（使徒行伝／八章一二節）
父なる神の具体化、現実化、集約化したのが、イエス・キリストであった。だから当然伝えるべきはキリストであり、エホバではなかった。
それだからキリストの弟子らは、エホバの証人ではなく、イエスの証人であった。
ただ、聖霊があなたがたにくだる時、あなたがたは力を受けて、エルサレム、ユダヤとサマリヤの全土、さらに地のはてまで、わたしの証人となるであろう。（使徒行伝／一

章八節）

だから、「異邦人は彼の名に望みを置くであろう（マタイによる福音書一二章二一節）」とあり、エホバに望みを置くとは書いてない。

そしてすべてのことにつき、いつも、わたしたちの主イエス・キリストの御名によって、父なる神に感謝し、キリストに対する恐れの心をもって、互に仕え合うべきである。（エペソ人への手紙／五章二〇、二一節）

いっさい主イエスの名によってなし、彼によって父なる神に感謝しなさい。（コロサイ人への手紙／三章一七節）

ここにも「エホバの名によってしなさい」なんて書いてない。使徒たちはこの言葉に忠実であって、すべてのことを「主イエスの名によって」したのである。特に洗礼がそうである。たいていの教会が「父と子の聖霊の名」を唱えて洗礼を授けるが、使徒たちはすべて「イエス」の名を唱えてそれをしている（使徒行伝二章三八、八章一六、一〇章四八、一九章五）。

私たちは「主イエス」の名によって、「父と子と聖霊」の交わりに入るのである。（詳訳聖書のマタイによる福音書二八章一九節は「父と子と聖霊の名に入れるパブテスマを授け」となっている）。これが聖書の伝える根幹的な信条であるはず。それが大方の教会ではどうも理解されてないようである。

花婿の名によって

イエスはエホバ家の一人息子で、後継ぎである。キリスト信者はこの息子の花嫁となるものである。救われるとは、その息子と結ばれることによって、エホバ家の家族となれることである。だから信仰生活とは、アダムが自分の肉体の一部、片割れであるエバを探し出し結ばれて、楽園に生きる夫婦生活なのである。聖書に次のようにある。

人は父母を離れてその妻と結ばれ、ふたりの者は一体となるべきである」。この奥義は大きい。それは、キリストと教会とをさしている。(エペソ人への手紙／五章三一、三二節)

だから使徒、伝道者の使命は、花嫁になるべき者にこの花婿を伝え、めあわすことであるはず。だから最初のキリストの証人バプテスマのヨハネは言う、

花嫁をもつ者は花婿である。花婿の友人は立って彼の声を聞き、その声を聞いて大いに喜ぶ。こうして、この喜びはわたしに満ち足りている。(ヨハネによる福音書／三章二九節)

ある者は、エホバ家の全家族を紹介するのが伝道だと思っている。また親父を紹介するのがそれだと思っている。また母親をくっつけて、めあわせねばならないと考えている者もい

る。初めが伝統の教会で、真ん中がエホバの証人で、最後がカトリック教会である。

今、伝統教会のまずいところを述べよう。福音を伝えるとは、三位一体の神を語ればよいというのではない。「イエスが救い主たる」を伝えるべきなのである。その辺がぼけているので、神はエホバの証人や統一教会のような宗派を起こされたのであろう。


イスラエルの全家は、この事をしかと知っておくがよい。あなたがたが十字架につけたこのイエスを、神は、主またキリストとしてお立てになったのである。（使徒行伝／二章三六節）

あらゆる異端は、この「キリスト教創設の宣言（ペテロが残りの使徒ら一一人と起立して語りかけた）」を無視することから来る。

あのナザレのイエスとは違う「十字架についていない人物」を、「主」またはキリストにする（例として統一教会）か、十字架についたナザレのイエスのことを言うには言うが、「主」またキリストとして信じないか、のどちらかになる。

ものみの塔は、表面的にはそうは見えないがよく検討すると、イエスを天使あるいは人間としている。だから後者の範疇に属する意味で、イエスを正しく評価していないと言えよう。そういう意味でも、エホバの証人はキリスト教ではなくユダヤ教である。キリスト教は少なくとも、イエスを「主」即ちエホバ（正確に言うとエホバの子だが、その子だから彼の姓はエホバ）と信じ、認めることから起こったのだから。

御子は「主の使い」か？

旧約聖書をよく読むと、御子はマリヤから生まれる前に度々、主（エホバ）あるいは「主の使い」として最も大切な時に地上に来ておられるのがわかる。それも主の「使い」とあるのだから、父より下位にあると考えてよいだろう。

アブラハム（創世記／二二章一一～一八節）に、ヤコブ（創世記／三二章一一、一三節）に、モーセに、イスラエル（創世記／一四章一九節他）に、ダビデ（歴代史・上／二一章一五節～一七節）に、エリヤ（列王記・上／一九章五節～七節）に、その他多く現れ、時にエホバとか神とか書いてあるかと思うと「エホバの使い」あるいは「神の使い」とある。

例えば有名なイスラエルの指導者モーセとエホバの出会いを見ると、次のようにある。

その時、エホバの御使いが、いばらの茂みの中、火の炎のうちにあって彼に現われた。……エホバは、彼が調べようとして立ち寄ったのをご覧になり、神はすぐにそのいばらの茂みの中から彼に呼びかけて「モーセ、モーセよ」と言われた。（出エジプト記／三章二節～四節より要約）

また、ヤコブが夢の中で見た神の使いは、自分のことを神と言っている。

神の使は言った、『目を上げて見てごらん。……わたしはベテルの神です。……』

（創世記／三二章二二、一三節）

こういうふうに、時に「エホバ即ち神」で、時に「エホバの使いあるいは神の使い」と言われる方は、御子キリストに違いない。そうするとキリストはエホバの証人の言うように天使ということになってしまう。神の使いとは天使のことだからである。

だが、その天使がエホバであるというのは、彼らの理解を超えることであろう。御子は、旧約聖書の時代では天使の姿をとって人間の下に来られたのである。だが、その本質はエホバであるということであろう。御子は二千年前、マリヤより人間として地上に来られた。だから姿は人間でも、その体質は創造主であるということであろう。彼はそういう旧約時代の姿と同じく、僕と呼ばれた。

わたしたちの先祖の神は、その僕イエスに栄光を賜わったのであるが、……（使徒行伝／三章一三節）

これについてパウロは、次のように説明している。

キリストは、神のかたちであられたが、神と等しくあることを固守すべき事とは思わず、かえって、おのれをむなしうして僕のかたちをとり、人間の姿になられた。（ピリピ人の手紙／二章六、七節）

神の人としての御子

御子は旧約聖書の時代にもうすでに、天使としてだけでなく人間の姿をとっても来ておられる。

主はマムレのテレビンの木のかたわらでアブラハムに現れられた。……目を上げて見ると、三人の人が彼に向かって立っていた。……（創世記／一八章一、二節）

この一人はエホバで、他の二人は「そのふたりのみ使は夕暮にソドムに着いた（創世記／一九章一節）」とあるので、天使に違いない。だが、このアブラハムと語り合うエホバとは、人間のかたちをしておられるので御子キリストではないだろうか。

アブラハムの孫であるヤコブは、一晩中ある人と相撲を取る。その相手の男は人間の姿をしていたが、ヤコブは次のように言う、

「わたしは顔と顔をあわせて神を見たが、なお生きている」（創世記／三二章三〇節）

神を見たものは生きておれない（出エジプト／三三章二〇節）のに見、かつ生きておれるというのは、その神が御子であったからということであろう。

これらからわかるように、かたちに囚われてはキリストは天使か人間ということになってしまう。その内にある本質を見ないといけない。これは人間自身に対してもそうで、うわべ外見に囚われれば、人は動く肉の塊にすぎない。そうなれば、死んだらおしまいで、エホバの証人の言うような「地獄はない」という説が正しいと思えてしまう。

だが人間の本質は、その土の器たる肉体に宿る霊魂にある。これは神の分身である聖霊と同じで、人はこの神の霊（息、命）を分けてもらって生きている。

第五章　子たる身分を授ける霊

もし、キリストの霊を持たない人がいるなら、その人はキリストのものではない。

ローマ人への手紙／八章九節

種を蒔かずに芽が出るか

昔、ある村に名を「一《い》九《く》一《い》・四郎」というものすごく働き者だが、ちょっと狂ったしかも頭の弱い男がいた。朝早くから野良に出て、麦の種を入れる籠《かご》を提げて麦の種蒔き（?）をしている。一生懸命力を入れて丹念に蒔いたのである。それなのに、いくら日が経っても肝心の麦は芽を出してこない。それでおかしいと思った親父は家の納屋の隅を見ると、何と麦の種が以前と同じだけある。それで息子に尋ねる。

「おい、麦の種は蒔いたのかえ」

「蒔いたはずやがな」

「何を蒔いたのや」

「何を？ いやお父さん、肥料の中に種があるのじゃないですか。お父さんのしたように、たんぼじゅうに肥料を蒔き回ったですよ。あれだけ一生懸命に力を入れてしたのですから芽が出ないということはないでしょう？」

「アホたれ、種を蒔かずにいくら肥料を入れたとて芽が出るか！」

「いやお父さん、ここに一杯芽が出ているよ」

「どれ、アホ、これはただの草じゃ」

「いや、僕はこの草がてっきり麦の芽と思ってた」

四郎君は力の元である肥料さえ入れれば、麦が生えてくると思っていたので、たしかに蒔くには蒔いたが肥料だけで、肝心の種ははじめから籠にも入れてなかったのである。それでは麦の芽が出るはずもない。

世の中には、こんな簡単な道理のわからない人が増えている。というのは、麦も雑草も区別がつかないからである。麦は種を蒔かないと生えない。しかし雑草は種をわざわざ蒔かなくとも生えてくる。だから、麦をつくるのに種蒔きが必要だとはわからないのかもしれない。

胤《タネ》を入れたのは誰か

百姓は畑に種を蒔き、家畜に胤つけをして子を産ませる。また人は結婚して子孫を得る。では神はどのようにして、神の子を得られるのであろうか。最初の神の子キリストはどのようにして生まれたか。
イエス・キリストの誕生の次第はこうであった。母マリヤはヨセフと婚約していたが、まだ一緒にならない前に、聖霊によって身重になった。（マタイによる福音書／一章一八節）
この出来事、簡単に数行で記してあるが、婚約者ヨセフの苦悩はいかばかりぞや。察してあまりある。何しろ恋人のマリヤに逢う度にお腹が膨れてくる。初めは食べすぎて脹れているのかな、目の錯覚かなと思っていたが、どう見ても段々大きくなってくる。だが身に覚えのないことである。

彼の衝撃はどんなだったろう。「胤《たね》無くして妊娠するはずがない」。かわいい顔して、うわべは嘘一つつけない清純潔白な感じがするが、裏で間男を作っているとは！　綺麗なバラにはトゲがあるとはよく言ったものだ。では「胤を入れた相手は誰なのだろうか？」そう苦悶している時、ヨセフの前に天使が現れて言う。

ダビデの子ヨセフよ、心配しないでマリヤを妻として迎えるがよい。その胎内に宿っているものは聖霊によるのである。彼女は男の子を産むであろう。その名をイエスと名づけなさい。彼は、おのれの民をそのもろもろの罪から救う者となるからである。（マタイによる福音書／一章二〇、二一節）

マリヤがイエスを懐胎する。それは聖霊によるという。ということは、聖霊の創造的な働きによって、彼女の腹の中に精子が形成されて、彼女の卵子と結ばれ、妊娠するようになったということなのだろうか。ここで聖霊を単に神の力と言うならば、そう言わざるを得ないであろう。

だが、母マリヤの懐胎は、神の霊そのものが宿られ、成長するようになったということであろう。だからこの聖霊と言われる神の霊自身にその命と人格があるとみないとおかしい。

キリストは、天地の創造時にすでにおられたことは、ものみの塔も認める。だから、このマリヤの胎内にキリストが宿られた時、初めて彼が存在したというのではない。だから天におられた神の子がマリヤの胎に入られたという、その「内在の神の子」を聖霊と呼んでいるのではないだろうか。あるいは聖霊の助けにより、神の御子がマリヤの胎内に入ったということなのであろうか。いずれにしても命の元は力だけでは生まれないものである。

神の子胤《だね》

しかし、彼を受けいれた者、すなわち、その名を信じた人々には、彼は神の子となる力を与えたのである。それらの人は、血すじによらず、肉の欲によらず、また、人の欲にもよらず、ただ神によって生れたのである。(ヨハネによる福音書／一章一二、一三節)

これからわかるように、救われるとは神から生まれるということである。しかも神の子として生まれるということである。生まれるということなれば(神の子となる)胤《たね》が必要になる。力とか活動力がいくらあっても、胤がないと子供は出来ない。

あなたがたは………子たる身分を授ける霊を受けたのである。(ローマ人への手紙／八章一五節)

ここにあるように、神の子にする霊を受けて初めて神の子になるとわかる。この原則は、実は人類の誕生の時からそうであった。

主なる神は土のちりで人を造り、命の息をその鼻に吹きいれられた。そこで人は生きた者となった。（創世記／二章七節）

神は人間を神のかたちに造られた。それだけで人が生きたというのではなく、命の息を入れて初めて生きたとある。人は神の息をもらって生きたということは、人間生命の起源が神の息にあるということを示すように思われる。人間の胤は神から来た。それも神の息、即ち神の霊にあるように思える。だから人は神の子供と言うことになろう。

イエスはまた彼らに言われた、「安かれ。父がわたしをおつかわしになったように、わたしもまたあなたがたをつかわす」。そう言って、彼らに息を吹きかけて仰せになった、「聖霊を受けよ。あなたがたがゆるす罪は、だれの罪でもゆるされ、あなたがたがゆるさずにおく罪は、そのまま残るであろう」。（ヨハネによる福音書／二〇章二一〜二三節）

神の子が使わされた目的は、「生めよ、ふえよ、地に満ちよ、地を従わせよ（創世記／一章二八節）」にあるように、神のかたちを持つ神の子が増えることである。

それは神の息である聖霊を受けることで可能となる。罪を許す権威は神から来るが、この権限を委譲してもらい、行使し得るのは神の子だけである。

だれでも、水と霊とから生れなければ、神の国にはいることはできない。（ヨハネによ

る福音書／三章五節）

人は洗礼の水で罪の身体を殺し、霊即ちキリストの与えてくれる聖霊により新しく生きる。だから「ヨハネは水でバプテスマを授けたが、キリストは聖霊でバプテスマを授ける」という言葉が、全福音書と使徒行伝のはじめに何度も強調される。

キリストの霊を持たない人がいるなら、その人はキリストのものではない。………もし、イエスを死人の中から蘇《よみがえ》らせたかたの御霊が、あなたがたの内に宿っているなら、キリスト・イエスを死人の中から蘇《よみがえ》らせたかたは、あなたがたの内に宿っている御霊によって、あなたがたの死ぬべきからだをも、生かしてくださるであろう。（ローマ人への手紙／八章九節～一一節）

人がキリストを信じて永遠に天国に生きるわけは、ひとえにこの「キリストを蘇《よみがえ》らせた霊を宿す」ことによる。一度死に勝利した霊は、永遠に死に打ち勝つ。即ちいつまでも死なない。

だが、多くの教会ではこんな大切なことが説かれない。それで御言葉でもって養われ、神の子のかたちが造られるだけで、人は生きると思う。だがエゼキエルは言う。「その上に筋ができ、肉が生じ、皮がこれをおおったが、息はその中になかった。（エゼキエル書／三七章八節）」と。

人の本質は、この神が分けたもう命の息にある。ところが多くの教会特にエホバの証人は、人を肉の塊と見るので「神から生まれたというより造られたもの」と考える。だから、この「人間の本質が命の息」とは理解され得ないようである。

一粒の麦が地に落ちて死ななければ、それはただ一粒のままである。しかし、もし死んだなら、豊かに実を結ぶようになる。（ヨハネによる福音書／一二章二四節）

この地に落ちる一粒の麦とは、直接には神の子キリストのことだが、彼を信じる者を指す。信者は麦である。だから、次の言葉の麦もまた彼を信じる人間を指す。

このかたは、聖霊と火とによっておまえたちにバプテスマをお授けになるであろう。また、箕を手に持って、打ち場の麦をふるい分け、麦は倉に納め、からは消えない火で焼き捨てるであろう。（マタイによる福音書／三章一一、一二節）

キリストの地上に来た目的は、まず神の子の種を蒔き、これを育て、収穫し、天の倉に入れることとであった。だから洗礼者ヨハネはキリストの働きをずばり言う。「その人こそは、御霊によってバプテスマを授けるかたである（ヨハネによる福音書／一章三三節）」と。

神の子の種とは、神の言葉だが、言葉は霊の乗り物であって、言葉の本体は霊である。だから「すべて神から生まれた者は、罪を犯さない。神の種が、その人のうちにとどまっているからである（ヨハネ第一の手紙／三章九節）」とある。この「神の種」は言葉とも霊とも取れる。また「もろもろの天は主のみことばによって造られ、天の万軍は主の口の息によって造られた（詩篇／三三篇六節）」とあるように、神の言葉も霊も同じように書かれる。どちらも神の口から出るものだからである。

種には、まず成長の力となる栄養と、種の個性を伝え維持する遺伝子の他に、何より大切な生命が宿る部分がある。ところがエホバの証人の聖霊観によれば、この後の一番大切な種で言えば「胚芽」の部分がないのである。

聖霊には神の生命が宿っている。そして聖霊により、神の意志が伝わるのである。言葉はそれを助けるにすぎない。このように考えていくと、聖霊は神の子とする神の胤、生命の実体としか考えられない。それだから、次のような言葉がある。

この聖霊は、わたしたちが神の国をつぐことの保証であって……（エペソ人への手紙／一章一四節）

あなたがたは、信仰にはいった時に、聖霊を受けたのか（使徒行伝／一九章二節）

このように調べてみると、「霊」「御霊」「聖霊」なるものを受けることが神の国に入るために必要不可欠だとわかる。実際、救われるとは、①命を得て、②神の子として、③新しく生まれ、④神との新しい契約に生きる者となることである。この大切なことのすべてをするのが聖霊である。では、エホバの証人はこの大切な「聖霊」について、どう説明するのだろうか。

聖霊は活動力？

ものみの塔、即ちエホバの証人は、御霊即ち聖霊について、人格を備えた存在ではなく、単なる神の活動力だという。「見よ、わたしの父が約束されたものを、あなたがたに贈る。だから、上から力を授けられるまでは、あなたがたは都にとどまっていなさい（ルカによる福音書／二四章四九節）」などの言葉を見ると、たしかに聖霊は力と思える。

ものみの塔の「聖霊」という本では、使徒行伝一章八節を引用して「すなわち、聖霊はそれを受ける人々に活力を与えて、イエスがメシア、キリストであるという証を全世界に行わせるのです（聖霊／一〇七頁）」と言う。

だがこの章だけでは、聖霊の全部が説明されているとは思えない。

こうしてその日一日だけでおよそ三千の魂が加えられました。栄光を受けたイエス・キリストは彼らに聖霊をもってバプテスマを施し、彼らは神の霊的な子として生れた者となりました。（聖霊／一一九頁）

このものみの塔の本の言葉を普通に読めば、キリストが聖霊により洗礼を授けることで、人は神の子として生まれると読める。すると聖霊は、神の子の胤と見るのが妥当と思うのだが、聖霊は活動力だと言い、その中に人格があるとは見ない。

ということは、人間とは人格ある存在とは考えていないということになる。少なくとも「人格的なものは神から来るものではない」という考えをしているとしか思われない。

また彼らは普通、「生まれる」というところを「つくる」と言うのだから、彼らにとって救われるとは、聖霊でもって力を受けて、それで神の霊的な子に生れるというより、造り直されるということなのである。だから、エホバの証人にとって、救われると救われないの違いは「神の力の多い、少ないにある」ようである。

この聖霊を天来のエネルギーと考えるならば、ちょうど救われてない者は、ガス欠の自動車のようなものである。こういう車はガソリンを補給してやれば動き出すように、人間も神の油である聖霊（ヨハネ第一の手紙二章二七節）を注入してやれば動きだす。これが彼らのいう「救われる」ということなのである。

ところが車というものは、車があって、燃料があって、道があって、車に少しも故障の部分がない。だからといって動き出せるものではない。運転する者が乗って初めて動く。一番大切なのは、この運転手である。人間においてこの運転手に位置する一番大切なのは聖霊、即ち神の霊なのであり、車に位置するのが身体である。ガソリンを補給するとは、人間で言えば飯を食うことである。

自分のからだは、神から受けて自分の内に宿っている聖霊の宮であって、……（コリント人への第一の手紙／六章一九節）

わたしたちは、生ける神の宮である。（コリント人への第二の手紙／六章一六節）

このような言葉を読めば読むほど、聖霊が単なる力ではなく、宮の中にいたもう神のように人格を持つ一番大切な御方とわかってくる。

霊に人格があるのは当たり前

結論を言うなら、聖霊に人格があるというのは、その「霊」という字からして霊魂を連想し、日本人なら言わずと知れたあまりにも当たり前のことである。

例えば毎年八月一五日の終戦記念日になれば、武道館に祭壇が築かれ、真ん中に「戦没者の霊」と大きく書かれた柱が建てられる。それに天皇陛下をはじめ遺族らの人々が菊の花を捧げ黙禱している。それは霊となった「戦没者」に対し礼を尽くしているのであって、その戦没者とは別の「霊なる者」への慰霊行為をしているのではない。

私はある日、親戚のお通夜に行った。するとまだ、お寺のお坊さんは戒名の名前をどうするか迷っている。それで戒名のつく前までは、どうするのかなと思いきや「凸凹太郎の霊位」と書いた位牌らしきものを祭壇に立てていた。

ここに人間の本質は「霊」にあり、「霊」はその人の人格そのものを指すのだと知ってか知らずか、その死者の霊の名を板に書き礼拝する。そしてその彼の霊がその人を指しているとわかる。だから戦没者の霊と言えば霊を指しているのではなく、戦没者自身を指している。凸凹太郎の霊と言えば、決してその霊を指しているのではなく凸凹太郎自身を指していると思う。

そういう習慣を知っている日本人には普通、「御霊」「聖霊」と言えば「神の霊」「イエスの御霊」と連想でき、「霊」という言葉の上に父や子の言葉の省略があるのではないかと思う。だから御霊とか聖霊といっても、それに霊というよりも神御自身やイエスを意味すると思う。御霊という原語はプニューマだが、これはそれだけでは他の霊とは区別がつかない。これが英訳されるとスピリットの頭文字のSを大文字にして区別し、日本語に訳す時には神の霊という意味で「御」を付け御霊として、他の霊《れい》を区別している。聖霊は聖が付くことで神の霊とわかる。

今聖書を調べると、次のようにいくらでも上に付いている。

「あなたの御霊、主の御霊、神の御霊、真理の御霊、イエスの御霊、いのちのみたま、父の御霊、わたしの霊、だれかの霊か、あなたの霊、エリヤの霊、クロスの霊、獣の霊、人の子らの霊、奴隷の霊、人間の霊、御子の霊、キリストの霊……」

即ち「霊」という言葉自体には個性はなく、この字の前（後）にこれを限定する言葉がある。だから単に御霊とか、聖霊とか書いてあっても、それはもともと日本語では上に付くはずの「神」とか「子」とかの言葉を省いてあるとしか考えられない。だから霊という言葉は、

○○の霊と人格的存在を示す修飾語が付いて一セットになっている。それゆえに霊とは必ず人格を持つために、エホバの証人の言うような「単なる活動力」ではあり得ない。

パウロは「キリストの霊」と「キリスト」との関係について、次のように言う。

もし、キリストの霊を持たない人がいるなら、その人はキリストのものではない。もし、キリストがあなたがたの内におられるなら、からだは罪のゆえに死んでいても、霊は義のゆえに生きているのである。（ローマ人への手紙／八章九、一〇節）

「キリストの霊」の存在とは、キリストのおられることである。神あるいは神の子が人間の内に住まわれる時、それは霊として来られるはずだから。

別の助け主

「わたしは父にお願いしよう。そうすれば、父は別に助け主を送って、いつまでもあなたがたと共におらせて下さるであろう（ヨハネによる福音書／一四章一六節）」という言葉がある。それで「聖霊」即ち「助け主」はキリストとは「別のお方」なのかと思いきや、「わたしはあなたがたを捨てて孤児とはしない。あなたがたのところに帰って来る（ヨハネによる福音書／一四章一八節）」とすぐ後にある。だからキリストは、水が水蒸気になったように形を変えて、再びわたしたちのもとに来られるとしか考えられない。他にも聖霊はキリストの霊とか、御子の霊とかあるからである。

むろん、この助け主とはキリストに対しても言われ（ヨハネ第一の手紙二章）ているので、この別の助け主とは、父なる神とも考えられる。というのは、「助け主、すなわち、父がわたしの名によってつかわされる聖霊（ヨハネによる福音書／一四章二六節）」とか「あなたがたの中にあって語る父の霊である（マタイによる福音書／一〇章二〇節）」とかある。だからこの「助け主」は、父なる神の分身で「父なる神」を指すのではないだろうか。

ユダヤ人は神は唯一と信じていた。そして神の霊を認め信じていた。だが、それに何の矛盾も感じなかった。それは神の霊とは神の分身であって、形を変えて人のところに来られた神だと思っていたからであろう。即ち「エホバの霊」とは「エホバ」なのであって、別の人格を持つ神だとは考えていなかったからである。

これに対し伝統派は「聖霊」に満足せず、「聖霊なる神」という言葉を持ってきて、父と子のキリストとは別の、第三位の神の存在を主張する。そして盛んに、聖霊には人格がある、ということで、知性、感情、意志がある、教え、あかしし、命令し、助け、励まして下さると言う。

パウロはすべての書簡に言う。「父なる神とイエス・キリストから平安が有るように」と。ここに聖霊という言葉はない。言う必要もない。父と子の他に聖霊という別の神がおられるということではないからである。

神の手、足、口とは

私たちは普通、太郎が歩き、花子が「おはよう」と言った時、「(太郎の)足が歩いた」とは言わない、また「(花子の)口がおはようと言った」とは言わない。確かに足が歩き、口がものを言うのだが、こういう場合そう言うべきでない。

ところが神様の場合、「神は霊であるから、礼拝をする者も、霊とまこととをもって礼拝すべきである(ヨハネによる福音書/四章二四節)」とあるように、神は霊であるから神が人と接触をもたれる時、「その時、ペテロが聖霊に満たされて言った―(使徒行伝/四章八節)」などとあるように、神は霊となって臨まれる。だから、聖書の記者は、その言わば神の手や口である御霊を捉えて、「御霊が教えて下さった、聖霊が導いて下さった」と言っているはず。それも多くのそれは「神の霊」か、または「御子の霊」がそうして下さったとある。

そういう場合、聖書の記者は、御霊が導いたと言いたいのではなく、神があるいはキリストが導かれたと言っているのである。

あなたが霊を送られると、彼らは造られる。あなたは地のおもてを新たにされる。(詩篇/一〇四篇三〇節)

この「あなた」は明らかに主、即ち「エホバ」である。だから、この前行を捉えて御霊なる神が天地万物を創造したと言う。だが、それはエホバが造られたということであって、父なる神やキリストとは別の聖霊という神がいて、その御方が造られたという意味ではないだろう。

アナニヤよ、どうしてあなたは、自分の心をサタンに奪われて、聖霊を欺き、地所の代金をごまかしたのか。………あなたは人を欺いたのではなくて、神を欺いたのだ。（使徒行伝／五章三、四節）

ここでは明らかに、聖霊は神として書かれている。だが、それは聖霊という別の神を指しているのではない。神が人に臨まれる時、聖霊として内在される。その神の有り様から言えば聖い霊であり、その人格的な区別から言えば神であるので、そう書いている。

あるいは同じ神でも人の良心に働かれる時は「聖霊」と呼び、その実質を問題にする時は「神」と言う。この神の働きを主題にしている時は「聖霊」とか「御霊」とか呼ばれ、その対象が誰であるか問われる場合には「神（父なる神）」とか「キリスト」とか言われる。

だから〇〇〇した、×××と言ったという場合は、聖霊とか御霊とかある。けれども聖霊に対し礼拝したとか、讃美したという言葉は聖書のどこにもない。

有名なバプテスマの式文である「父と子と聖霊の名によって」でも、またコリント人への第二の手紙一三章一三節の祝禱においても、「キリストの恵みと、神の愛と、聖霊の交わり」

とあるように、神の働きが主題となる時「聖霊」という言葉が出てくる。神の恵みが人間に注がれる時、聖霊という言葉は真っ先に出てくる。だが人間が神に感謝を捧げようとする時、その対象としては聖霊とか御霊という字が見受けられない。

これについては、聖書に最も忠実と自称する福音派のよく使う書物『組織神学』(ヘンリー・シーセン著)によると、次のようにある。

トーレイが言ってるように、「聖書には聖霊に対しての祈りは、記録されていない。しかし聖霊の交わりについては語られている………」(Op、cit、P、418)。聖霊も神であられるなら、父、み子とならんで拝されるべきであることを、つけ加えておこう(マタイによる福音書四・一〇、黙示録二二・九)。(組織神学/六五六頁)

これを見ると、如何に聖書に忠実と称する人々が、神学という人間の教えを聖書よりも優先しているかがわかろうというものである。トーレイが聖書にないというのに「拝もう」とシーセンは主張する。あくまで自分たちの言い伝え(アウグスティヌス神学)に固執しているのである。

使徒パウロは、ローマ人への手紙よりピレモンへの手紙までのすべての書簡のはじめに「わたしたちの父なる神および主イエス・キリストから、恵みと平安とが、あなたがたにあるように」と言っているが、ここに聖霊という言葉はない。それは「恵みの平安」の出所は父と子であり、恵みと平安の実体は聖霊ということなのである。

それだから、聖霊は父あるいは子とは別の神というわけではないのであろう。神にも手、足、口の働きをされるところがある。普通、天使を遣わしてその目的を告げられる。だが多くの場合、直接御自身が働かれる。そういう時の神を聖書は御霊とか、聖霊とか呼ぶ。

天と地と海と、その中のすべてのものとの造りぬしなる主よ。あなたは、わたしたちの先祖、あなたの僕ダビデの口をとおして、聖霊によって、こう仰せになりました。（使徒行伝／四章二四、二五節）

神は聖霊として預言者に臨まれ、彼の口を動かされたということであろう。直接的に言えば、聖霊は神の口になられているということだろう。

あなたが霊を送られると、彼らは造られる。（詩篇／一〇四篇三〇節）

先に取り上げたこの言葉からでも、神の霊は、創造主の手と理解し得る。聖書で「神の霊」と言うところを「神の指」と言うところがある。

しかし、わたしが神の霊によって悪霊を追い出しているのなら、神の国はすでにあなたがたのところにきたのである。（マタイによる福音書／一二章二八節）

しかし、わたしが神の指によって悪霊を追い出しているのなら、神の国はすでにあなたがたのところにきたのである。（ルカによる福音書／一一章二〇節）

これから考えてもわかるが神の霊は聖霊であるから、御霊とはまず神の手であり、足であり、口である。悪霊との戦いの最前線に神が出られる時、それは聖霊として臨まれる。だから聖霊は力である。だが、それとともに人格がある。だからといって「聖霊に人格がある」というのは愚かな言葉である。というのは、それは手や足や口に人格があると言うのと同じだからである。

聖霊の霊？

ところが霊のことがわからない者は、ちょうど象をなぜた盲人がするように手、足、口を人間から切り離して、別の存在とし実体化してしまうようなことをする。そしてあげくの果てには、霊を一つの位に祭り上げてしまう。

神の霊はわたしを造り、全能者の息はわたしを生かす。（ヨブ記／三三章四節）

たいていの神学者は、こういう言葉を捉えて「神の霊」即ち「聖霊」は創造神だ、生命を与える神だと結論付ける。そして、次のような三位一体の図式が出来上がる。

唯一の神	父なる神	
	子なる神……………	この言葉は聖書にない
	聖霊なる神…………	〃　〃　〃

こうなれば「父の霊」と「子の霊」があるのだから、「聖霊の霊」という言葉が必要になってくる。そしてその「聖霊の霊」も、聖霊を別の人格にしたと同じ理屈で一つの別人格と考えねばならなくなるので、さらに「聖霊の霊の霊」という人格者がおられることになり、そのまた「霊の霊の霊……」と、いくらでもおられると考えざるを得なくなる。

神の霊

イエスの御霊

聖霊の霊……こういう言葉は聖書にない。

私は決してここで「聖霊は神でない」などと言っているのではない。聖霊は神だが、「父と子とは別の神なのではない」と言っているのである。それで、もし別の神としておられるというなら、この方はキリストと父からいつでも離れ、全く別の行動を起こし始められる危険が常にあるということになる。事実、「聖霊様をあがめよう」という主張をする人々が増えている。カンバンはキリスト教だが、もしかしたら、彼らは「聖霊教」という別の宗教なのかもしれない。

新しい霊

わたしを信じる者は、聖書に書いてあるとおり、その腹から生ける水が川となって流れ出るであろう。これは、イエスを信じる人々が受けようとしている御霊をさして言われたのである。すなわち、イエスはまだ栄光を受けておられなかったので、御霊がまだ下っていなかったのである。（ヨハネによる福音書／七章三八、三九節）

これをよく見ると、聖霊はまだ下ってないとある。だが聖霊はそれまで「神の霊」としてみんなに働いて下さっていたはずである。聖霊はイエスの栄光の後のペンテコステの日より与えられるようになった。それはちょうどエゼキエルの預言の通りである。

わたしは新しい心をあなたがたに与え、新しい霊をあなたがたの内に授け、あなたがたの肉から、石の心を除いて、肉の心を与える。（エゼキエル書／三六章二六節）

では、その日の前と後とでは与えられる霊がどう違ってきたのか。

あなたがたは再び恐れをいだかせる奴隷の霊を受けたのではなく、子たる身分を授ける霊を受けたのである。（ローマ人への手紙／八章一五節）

このように神の子によって与えられる霊は、神の子にさせる霊である。それまでは、僕の霊として奉仕の働きをするための霊であった。それだから、活動の力という感じであった。

だがイエスにより与えられる霊は、キリストを復活させた霊（ローマ人への手紙八章一一節）であって、死に打ち勝つ力がそこに含まれる。だからこそ永遠の生命であり、その保証（エペソ人への手紙一章一四節）となり得る。それはまた、わが内に住みたもうキリストであるとは先に述べた。それなら単なる活動力ではなく、人格を持たれるのは言うまでもない。

霊とか息に訳される「ルァーハとプニューマ」と同じような言葉に、魂とか心とか命に訳される「ネフシュとプシュケー」という語がある。ヘブル語ではこの両者は別の言葉であるが、わたしたちは神の霊である神の息をもらう事で、命を得て、心や魂を持つものとなる。

だから外にある魂が霊で、内にある霊が魂という関係であるとわかる。言い換えれば、身体を持たない魂が霊で、身体を持つ霊が魂ということになる。両者は漢字では霊魂と結び付けられるように、また霊を意味するルァーハが魂と訳されるように、両者に明確な境界はない。それはその出所と本質を同じにするからである。なお、文中にある（ルァーハ）は筆者による補足である。

霊（ルァーハ）はわたしから出、いのちの息はわたしがつくったからだ。（イザヤ書／五七章一六節）

私たち人間は、この言葉のように、神の「息」あるいは「いぶき」である霊を分けてもらって生きている。だから次の言葉のように、人が死ねば霊は元の神に帰る。

ちりは、もとのように土に帰り、霊（ルァーハ）はこれを授けた神に帰る。（伝道の書

／一二章七節）

息が絶えれば人は死ぬ。これからわかるように、人間の生命はこの神の息にある。

このように神の形に似るように造られた人がそうなら、神もそうで、神の本質は霊（息）にあるはず。となれば神の霊とは、神御自身かそれに等しい御子御自身であるはずではなかろうか。

聖霊は聖霊自ら来るのではない

天の父はなおさら、求めて来る者に聖霊を下さらないことがあろうか。（ルカによる福音書／一一章一三節）

この言葉などを見ると聖霊は、何か神が自由にされる物のようにも取れそうである。確かに、聖霊は常に息とか、風とか、水とか、油とか、火などの分割可能なものに譬えられる。それは生命のない物のように分けられる。だから人格がないと思う。生きているものは切り離すと、切断された枝や葉、手や足のようにたいてい死んでしまうのだから。

だが聖霊は、人格を持つと同時に分けられる。そして分けられても、その命、性質、力は変わらない。ちょうど細胞が分裂する時のようにである。

神の息とは、自然世界に吹けば風となり、人間に入れば人間を生かす力となる。そういう意味ではものみの塔が言うように、活動力であろう。だがそれが神から出る息であるかぎり、神の命としての個性が出てくる。ということは、神の命がそこに含まれているということである。

この聖霊を誰に与えるかを決めるのは、決して聖霊自身ではない。今述べたイザヤ書の言葉「霊はわたしから出」とあるように、また「このかたは、聖霊によってバプテスマをお授けになるであろう（マルコによる福音書／一章八節）」の預言通り、キリストのなさることである。聖霊は、「それで、イエスは神の右に上げられ、父から約束の聖霊を受けて、それをわたしたちに注がれたのである（使徒行伝／二章三三節）」とあるように、復活して神の右にいるキリストが持っておられて、それを求める私たちに注がれる。

これは「わたしが父のみもとからあなたがたにつかわそうとしている助け主……（ヨハネによる福音書／一五章二六節）」と言うのと同じで、聖霊は天におられるキリストが注がれるのである。

それはちょうど、誰に息を吹きかけるか決するのは、息をしている人であって、息自身ではないのと同じである。それはまたイエスが復活された時、「そう言って、彼らに息を吹きかけて仰せになった、『聖霊を受けよ……』（ヨハネによる福音書／二〇章二二節）」と言われたのと同じである（これは創世記二章七節と同じく人に命を与える象徴的行為である）。

こう知れば、キリストと聖霊の関係は、人とその人の息のようなもので、その人と霊とは切り離せないものであると同じように、キリストと聖霊は彼と彼の命なのである。また、それを人間に与えることができるのは、彼がひとえに神の権限と力とを受けられた神の子だからである。

聖霊を分けるために

キリストの十字架上の死は、まさにこの聖霊を裂くためにあったと言ってよい。

一同が食事をしているとき、イエスはパンを取り、祝福してこれをさき、弟子たちに与えて言われた、「取れ、これはわたしのからだである」（マルコによる福音書／一四章二二節）

ここでキリストは自分をパンでかたどられる。パンは命の糧だから、この自分の体を象徴するパンによって、永遠の命の糧であるキリストの霊を象徴しているのである。だからキリストはこの最後の晩餐の少し前、五つのパンで男だけでも五千人を満腹にさせる奇跡を行った後、言われる。

それでは、もし人の子が前にいた所に上るのを見たら、どうなるのか。人を生かすものは霊であって、肉はなんの役にも立たない。わたしがあなたがたに話した言葉は霊であり、また命である。（ヨハネによる福音書／六章六二、六三節）

　このように言われたイエスは、その前に「よくよく言っておく。人の子の肉を食べず、また、その血を飲まなければ、あなたがたの内に命はない（ヨハネによる福音書／六章五三節）」と繰り返し言われる。それで本当に「キリストの肉を食わないといけないのかな」と思う者もいる。だがそれはおかしい。「肉はなんの役にも立たない」と言われるのだから。それでは、そのキリストの肉を象徴するパン即ち聖餐式に参加してミサの恵みに与り、その儀式のパンとぶどう酒を飲めばよいと思う。

　だが「人の子が前にいた所に上る」という言葉と「人を生かすのは霊」という言葉を見れば、イエスが天に昇ってから下される「聖霊」を連想できる。この霊を全世界の人々に与えるため（使徒行伝二章三九節）にキリストはその肉を裂いたのだから、それは自分の霊を裂くのと同じであった。

　それゆえにキリストの死は、聖霊を万人に注ぐためにあった。

　聖書に、「木にかけられる者は、すべてのろわれる」と書いてある。それは、アブラハムの受けた祝福が、イエス・キリストにあって異邦人に及ぶためであり、約束された御霊を、わたしたちが信仰によって受けるためである。（ガラテヤ人への手紙／三章一三、一四節）

第六章　見聞きできる御方

そして言は肉体となり、わたしたちのうちに宿った。わたしたちはその栄光を見た。

ヨハネによる福音書／一章一四節

言葉だけでは救いにならない

神の子イエスは、神の栄光を表すためにこの地上に来られた。救い主は、その救いのわざ即ち奇跡をどんどんなして、人々を救われた。救いとは、人間の力や知恵ではどうにもできないことを神の子が解決する。その多くは病気の癒しであったが、すべて奇跡と言うべきものである。神が栄光を表されるということは、不可能を可能にすることであったから。だからイエスは言われる。

わたしの名によって願うことは、なんでもかなえてあげよう。父が子によって栄光をお受けになるためである。(ヨハネによる福音書／一四章一三節)

全能の神が全能であることと、救い主に救いのわざがなされる大変大切な要件は、その奇跡を見聞きできるということであり、それが確認できるということである。また信仰者の身近に日常的に起こるということである。全能にして、愛に富み、救いの御手を常に差し出したもう、そういう神が私たちのそばにおられる。あるいは私たちの心の中に入って住んで下さっている。ここに本当の救いがある。

ところがエホバの証人には、そういう一番大切なことすらないのである。間違った信仰は、奇跡を昔物語にし、神の子の来られたことを幽霊にしてしまうのである。

イエス・キリストが肉体をとってこられたことを告白する霊は、すべて神から出ているものであり、………（ヨハネ第一の手紙／四章二節）

こうヨハネが書いているように、イエスの存在を抽象化し、霊的にする教え（グノーシス主義）が、はびこり始めていた。それでヨハネは、そういう考えは誤りであるという意味で、はっきり「言は肉体になった」、そして今は「（聖霊として）私たちの中に住んでおられる」という。

こう明確に書かれているのに、今日、イエスの存在を言葉だけにし、聖霊の働きを具体性と現実性のないものにしてしまう教えが広がっている。

見える形で

聖霊と言えば霊だから、当然、見えないと普通考える。だが本体は見えないにしても、その臨在のしるしはあるはず。使徒行伝二章にある聖霊降臨の際に起きた出来事は次のように記されている。

突然、激しい風が吹いてきたような音が天から起ってきて、一同がすわっていた家いっぱいに響きわたった。また、舌のようなものが、炎のように分れて現れ、ひとりびとりの上にとどまった。すると、一同は聖霊に満たされ、御霊が語らせるままに、いろいろ

の他国の言葉で語り出した。（使徒行伝／二章二〜四節）

このように聖霊の降臨は、その後の二章三三節にあるように「見聞き」できるものである。使徒ペテロは、まさか救われるとは考えていなかった異邦人に聖霊が注がれたのを見て驚いている。

それを聞いていたみんなの人たちに、聖霊がくだった。割礼を受けている信者で、ペテロについてきた人たちは、異邦人たちにも聖霊の賜物が注がれたのを見て、驚いた。それは、彼らが異言を語って神をさんびしているのを聞いたからである。（使徒行伝／一〇章／四四〜四六節）

聖霊が見えないとしたら、彼らに聖霊が下ったとどうしてわかったのであろう。「異言を語って神を讃美しているのを聞いたからである」と言っているように、異言即ち「習ったことのない異国の言葉」で讃美し始めたからである。このように聖霊ですら、見えないかたちでということはないのである。

この出来事は二千年後の今日でも同じように起こる。それはペテロの次の預言の通りである。

そうすれば、あなたがたは聖霊の賜物を受けるであろう。この約束は、われらの主なる神の召しにあずかるすべての者、すなわちあなたがたと、あなたがたの子らと、遠くの

者一同とに、与えられているものである。（使徒行伝／二章三八、三九節）

神わざを葬るな

ものみの塔は、自己の集団内にないものはすべて否定する。そして、こういった普遍性の宣言をすべて無視する。無数のあるイエスの奇跡を過去のこととして葬りさるだけでなく、次のような彼の言葉すら完全にむなしいものにする。

信じる者には、このようなしるしが伴う。すなわち、彼らはわたしの名で悪霊を追い出し、新しい言葉を語り、へびをつかむであろう。また、毒を飲んでも、決して害を受けない。病人に手をおけば、いやされる。（マルコによる福音書／一六章一七、一八節）

わたしを信じる者は、またわたしのしているわざをするであろう。それればかりか、もっと大きいわざをするであろう。（ヨハネによる福音書／一四章一二節）

そして「全きものが来る時には、部分的なものはすたれる。（コリント人への第一の手紙／一三章一〇節）」を引用して、奇跡はただ使徒行伝の時代だけの話だという。全きもの即ちキリストが来ていないのに奇跡も異言も無くなったという。無くなったのは自分たちの信仰なのにである。イエスの働きは今も変わらない。彼の成した奇跡は今も起こる。

イエス・キリストは、きのうも、きょうも、いつまでも変ることがない（ヘブル人への

手紙／一三章八節）

だが彼らは自分の不信仰を棚に上げて、次の言葉をもって神のわざを悪魔の仕業と決めつける。

また、あなたの名によって悪霊を追い出し、あなたの名によって多くの力あるわざを行ったではありませんかと言うであろう。そのとき、わたしは彼らにはっきり、こう言おう、「あなたがたを全く知らない。不法を働く者どもよ、行ってしまえ」（マタイによる福音書／七章二二、二三節）

これらの言葉の意味するところは、癒しや悪魔ばらいや奇跡それ自体が悪行、不法であるということではないはず。この聖句の前に「求めよ、そうすれば、与えられるであろう（マタイによる福音書／七章七節）」とあり、イエスもその弟子らもどんどん超自然のわざをしたのだから。

この頃、ちょうど異端の輩が出て、キリスト教の名を使い、病気治しや奇跡を行って人を信用させ、それをいいことに婦女子をだますなどの悪事を働くことをし始めたという事件があったのだろう（マルコによる福音書九章三八節）。それでイエスは将来においても同じことが起こると予想されて、「不法を働く者どもよ、行ってしまえ」と言われたに違いない。いつの時代でも、まがいものというのが現れる。それはたいてい不法を働く者である。

そのころ、多くのしるしと奇跡とが、次々に使徒たちの手により人々の中で行われた

（使徒行伝／五章一二節）

わたしは、使徒たるの実を、しるしと奇跡と力あるわざとにより、忍耐をつくして、あなたがたの間であらわしてきた。（コリント人への第二の手紙／一二章一二節）

このようにキリストの弟子たちの証拠（実）は、少なくとも奇跡が行えるかどうかであった。むろんその上に、教えの正しさ、行動、生活の上での清貧、言行の一致などが問われる。

後者は使徒でなくてもやれるものだし、真似てそれらしく装えるものである。口先だけのうわべを取り繕うのも可能である。だが前者の力あるわざ、奇跡、癒しというのは、そうはいかない。神か悪魔かいずれにしても、超自然の力が加わらない限りできるものではないからである。だからエホバの証人のしていることは、悪霊の働きではないかもしれないが、神の働きでは決してない。ただの人間の働きと教えということになろうか。

復活がなければ新生はない

使徒たちは主イエスの復活について、非常に力強くあかしをした。（使徒行伝／四章三三節）

パウロが、イエスと復活とを、宣べ伝えていたからであった。（使徒行伝／一七章一八節）

このようにキリストなき後、残った弟子らが勇気づけられたのは、彼の復活である。それは何よりも大きな奇跡だったので、盛んにこれを宣べ伝えた。

このイエスを、神はよみがえらせた。そして、わたしたちは皆その証人なのである。

（使徒行伝／二章三二節）

このようにキリストの証人とは、キリストの復活の証人でなければならない。だから使徒行伝以下の聖書に出てくる「証人」という言葉は、すべて「イエスの復活の事実」を証する人として記されている。だから使徒たちの宣教の中心は、何よりもまず「キリストがよみがえった」ということであった。これは人が救われるに最も大切なことの一つである。

迫害の時代キリスト信者の唯一の希望は、キリストと同じく彼の復活に与ることであった。だからパウロは言う。

さて、キリストは死人の中からよみがえったのだと宣べ伝えられているのに、あなたがたの中のある者が、死人の復活などはないと言っているのは、どうしたことか。もし死人の復活がないならば、キリストもよみがえらなかったであろう。もしキリストがよみがえらなかったとしたら、わたしたちの宣教はむなしく、あなたがたの信仰もまたむなしい。………しかし事実、キリストは眠っている者の初穂として、死人の中からよみがえったのである。それは………キリストにあってすべての人が生かされるのである。

（コリント人への第一の手紙／一五章一二より二二節）

自分の口で、イエスは主であると告白し、自分の心で、神が死人の中からイエスをよみ

がえらせたと信じるなら、あなたは救われる。(ローマ人への手紙／一〇章九節)

このようにあるのだからキリストの蘇りを信じ、それを告白しないと救われない。だからどんなおかしい宗派でも、一応キリスト教を名乗る限りは、主の復活を信じ認める。だが異端と呼ばれるおかしいそれは、その蘇りを曲げて説き、あるいは薄めて解釈し、その実質をなくしてしまう。そういう間違った信じ方では、信じていないに等しい。だから救いにならない。

また復活にあずかるゆえに、神の子でもあるので、もう死ぬことはあり得ないからである。(ルカによる福音書／二〇章三六節)

ここに復活に与る者は神の子であり、永遠の命を持つとある。だから復活という実質をしっかり捉えることが大切である。復活は言わば来たるべき世において起こることだが、「だれでも新しく生れなければ、神の国を見ることはできない」とキリストが言われたように、この世においては「新しく生れる」というかたちを取る。

だから、キリストの復活を曲げて理解するなら、その人の復活はもちろん、新生も曲がり、実質のないものになるはず。それを薄めるなら、新生もいい加減なものになる。何しろ人は、その信じるものに似てくるのだから。

ものみの塔は、イエスの復活を人間の身体をもって復活したのではなく、霊者つまり天使として復活したのだと言う。

見えなければ幽霊と同じ

エホバの証人は、イエスが死後「人間として戻れない理由」として次のようにいう。

「あとしばらくすれば、世はもはやわたしを見ないでしょう」と言われました（ヨハネによる福音書14、19）この「世」とは人類のことです。ですから、イエスはここではっきりと、イエスの死後、地上の人々はイエスを再び見ることはないと言っておられるのです。使徒パウロは次のように書きました。「たとえ、キリストを肉によって知ってきたとしても、今はもう決してそのような知り方はしません」……コリント第二5、16（あなたは地上の楽園で永遠に生きられます／一四三頁）

まず、このヨハネの言葉の引用であるが、これはすぐ「しかしあなたがたはわたしを見ます。わたしは生きており、あなたがたも生きるからです」と文が続いている。だから、この「世」とは人類というが、この「世」はすぐ後の「あなたがた」と対立する言葉であって、不信仰者の住む「この世界」と解さないとおかしい。すると信じない人は見られないが、信じる人には見られるということである。「あなたがた」とはこの場合、弟子らである。彼らは「彼らは恐れ驚いて、霊を見ているのだと思った（ルカによる福音書／二四章三七節）」とあるように復活したイエスを見ている。

また、私が生きるのであなた方も生きるとは、キリストの復活のようにまず信者は新生し、来たるべき世においては復活するという意味である。また自分が生まれ変わったようになって、新生の実質を体現している人は、キリストが生きておられるから生きておれるとの意味がよくわかる。

聖書によると、キリストはすべての御使いと共に栄光のうちに戻られ、「自分の栄光の座に座ります」（マタイによる福音書25、31）もしイエスが来られて、人間として地上の王座に座られるとすれば、イエスの地位はみ使いたちよりも低いことになります。（あなたは地上の楽園で永遠に生きられます／一四三頁）

はじめから、ここには思い込みがあるのではないだろうか。天使より人間のほうが高い地位にあるのに、低い地位にあると思っているようだ。天使は人間に奉仕するために造られたものであり（ヘブル人への手紙一章一四節）、救われた人間は御使いすら裁く（コリント人への第Ⅰの手紙六章三節）のである。もちろん見えたって見えなくたって、また再びこの預言通り地上に来られることは変わりないはず。それもイエスが見えるとなると、人間として来られるのだと解するところがおかしい。

神は祝福して返される

また、次のようにものみの塔は言う。

使徒パウロはこう答えています。「わたしたちは、イエス・キリストの体がただ一度かぎりささげられたことによって、神聖なものとされているのです」。(ヘブライ10、10)キリストは、世の命のためにご自身の肉の体を渡したのですから、それを再び得てもう一度人間になることはできません。このような根本的な理由があるので、イエスが、一度かぎり犠牲にされた人間の体に戻られることはあり得ないのです。(あなたは地上の楽園で永遠に生きられます/一四三頁)

ヘブライ(ヘブル人への手紙)のこの引用の御言葉をしっかり読めばわかるが、キリストの体はその死において神に捧げられた。だがそれによって体は取られてしまったなんて書いてない。そうではなく「わたしたちは……聖なるものとされているのです」とあるように、イエスは彼につながるものを清め、御自分は清め(聖め)られたものを再び着られたのである。だから彼は言う、

命を捨てるのは、それを再び得るためである。……………わたしには、それを捨てる力があり、またそれを受ける力もある。(ヨハネによる福音書/一〇章一七、一八節)

キリストの死は確かに神への捧げものであった。だが、これを受け取れるのは祭司だけであった。新約時代の祭司とは、キリスト信者ということになるので、イエスを殺し神に捧げるのは、この世（の人）であるが、受け取るのは「あなたがた」即ち彼を信じる人ということになる。

アブラハムはイサクを捧げた。それでイサクは取られてしまったのではなく、戻ってきた。彼は清められて、しかも「子孫を無数に増やす」という契約とともに戻ってきた。イエスの感謝された五つのパンは、五千人を満腹にさせて、その上、一二の籠に一杯にして帰ってきた。一粒の麦が地に落ちれば、一〇倍二〇倍の実を結ぶ。

これと同じように、神に捧げられたキリストの体は、信者の下に返ってくる。だが、それは一度神の手に返したものだから、清め祝福されて、全く意味の違うものになって返ってくる。だがもとの外見は、そんなに変わらないのが普通である。

それだからキリストの復活の体は、キリストのようであり、そうでないようでもあり、また肉体のようであり、霊のようでもあるのである。

それだから復活の時、墓の中ではキリストの遺骸はなくなっている。だが彼は全く別人のような姿を取られ、閉めきった部屋に突然現れ、「さわって見なさい。霊には肉や骨はないが、あなたがたが見るとおり、わたしにはあるのだ」とすら語ることができたのである。その上弟子たちは、彼らの前に現れたキリストの槍と釘の傷痕に手を入れることもできた。

霊と「霊の体」は別

エホバの証人即ちものみの塔はまた、次のように言う、

血肉の体を持つ人間は天で生きることができません。天の命への復活について聖書は、「物質の体でまかれ、霊的な体でよみがえらされます。……肉と血は神の王国を継ぐことができ（ません）」と宣べています（コリント第一15、44―50）霊的な体を持つ霊者だけが天で生きられるのです。（あなたは地上の楽園で永遠に生きられます／一四四頁）

ここでパウロは、肉の体と霊の体を対立的に紹介する。「物質の体があるなら、霊の［体］もあります。（新世界訳同書一五章四節）」。パウロは、ここで復活したものは見えなくなるというのではなく、霊の体を持つと言っている。単なる霊であれば体はない。それであれば見えない。だが彼は肉体が体を持つように復活した人も体を持つ。だがそれは肉の体とは大分様子が違う。だがいくら何でも見えないということはない。パウロがわざわざ「霊の『からだ』」と霊だけでなく「からだ」という言わば人の住む家や容器、服に相当する言葉を入れている。だから、見える具体的な形を持つと考えないとおかしい。見えないのなら復活したことにならないからである。

彼らは恐れ驚いて、霊を見ているのだと思った。そこでイエスが言われた、「なぜおじ

惑っているのか。どうして心に疑いを起すのか。わたしの手や足を見なさい。霊には肉や骨はないが、あなたがたが見るとおり、わたしにはあるのだ」（ルカによる福音書／二四章三七より三九節）

霊は普通、見えない。だが、特別の霊能なるものを持つ人は見る。また「殺された人々の霊魂が、祭壇の下にいる（黙示録／六章九節）」とあるように、人は死ねば体はちりに返り消滅する。だが、霊は残る。その霊が、預言者サムエルのように死んだ後も人の前に出てきた（サムエル記・上／二八章一四節）のでは復活にならない。

弟子たちはイエスの姿を見て、世にいう幽霊か、はたまた幻覚かと驚き怪しんだのである。ところがイエスはそういう「霊」として弟子らの前に現れたのではなく、身体を持って来られた。それを復活以前の体と区別する点で、霊という言葉を付け「霊の体」と呼んだ。それは復活の体と言ってもよい。

ところがものみの塔の説にしたがえば、幽霊も霊者も復活の体も何ら区別できないものになってしまう。何しろイエスは復活したといっても見えないかたちだったのだから。そうなれば実質がないのだから、そういう彼らのイエス・キリストをいくら信じても、来るべき世（神の国）においての復活もなく、この世における新生もないことになる。

するとこの世では完全な人として浮き世を離れた亡霊のように生き、来たるべき神の国では幽霊として出で行くしかないことになる。

昇天の姿

キリストは復活後四〇日間、弟子たちの前に度々現れ、様々な教えをされた。だが、いよいよ昇天する時が来た。それで、その有様を聖書（新世界訳）は次のように記している。

彼らが見守る中で、［イエス］は挙げられ、雲に取り上げられて彼らから見れなくなった。………「………あなたがたのもとから空へ迎え上げられたこのイエスは、こうして、空にはいって行くのをあなたがたが見たのと同じ様で来られるでしょう」（使徒行伝／一章九、一一節）

この昇天された「同じ様」でイエスは再び来ることになる。それで彼らは言う、

イエスが空に入りはじめた時、雲がイエスを使徒たちの実際の視界から隠してしまいました。それで、去って行かれたイエスは彼らには見えない存在となりました。彼らはイエスを見ることができなかったのです。イエスはその時霊的な体で天に昇られたのです。（ペテロ第一3、18）したがって、戻って来られる時にも霊的な体で戻られ、目には見えません。（あなたは地上の楽園で永遠に生きられます／一四五～一四六頁）

要するにエホバの証人は、この「同じ様で来られる」の「同じ様」を最後の「見えなくなりました」だけに限定しようというわけである。確かに去って行かれたのだから「見えなく

なる」。だから再び来られる時は見えない形で来られるという。

エホバの証人が本当に聖書に忠実であるというなら、弟子たちがキリストの姿を見て、天に昇られる時、段々見えなくなったとあるから、それと「同じ様で」キリストは天から帰って来、見えない姿から「段々見えるようになる」と言わないとおかしい。

要するに、ここでも常識が問われている。正常な感覚があるかどうかが問題なのである。

一九一四年＝誤謬元年

では、なぜ彼らものみの塔の人々が「見えないキリスト」にこだわるのか。その原因は、一九一四年にキリストが来るという予言がはずれたことにある。彼らの奇妙な教義、論理はすべて、これから必然的に導かれたものである。来るはずのお方が「来ない」となれば、「私の予言は間違っていました」と謝るか、あくまで「来られました」と言い張るか、のどちらかしかない。エホバの証人は結局、体面を考えて後者を選んだのである。

すると「来ないキリスト様」が「来られた」ことにするのだから、「見えない姿で」と言わざるを得ない。それも再来の時だけ、そう言っておけばよいというわけにはいかない。「同じ様で」来られるのだから、復活のキリストも同じ様に「見えない姿」にしないと辻褄が合わない。そしてそのキリストが見えないのなら、生前のキリストもまた聖書に書かれているのとは少し変えないとすっきりしない。

かくしてはじめのちょっとしたごまかしは、その聖書解釈のすべてに及び、翻訳の段階のごまかしにまで至る。一つ嘘をつけば、全部に渡って嘘をつかなければならないのと同じである。服のボタンのかけ違いというのがある。初め違えてボタンをはめても、途中は全部穴にはめることができる。だが、どうしても一つ余ってしまう。それで全体を見渡せば、かけ違いに気づき、かけ直す。だが枝葉末節にこだわった近視眼的な見方をしていると、それがわからない。

そのごまかしの手口は、まず霊的というやつである。次に比喩、たとえであるという言い方である。また同じ言葉を広義に解釈したり、狭義に解釈したりするやり方である。だが、そういうやり方にはどうしても不自然さが伴う。また、やたらに言い訳がましい説明になる。

こういうのは、そこに無理と嘘があると見てよいだろう。聖書はそのまま信じられる書物である。言い訳がましい弁明など、ほとんどいらないものである。また、たとえの場合はそう明記してある。

ある日、エホバの証人の婦人が来られ、言われる「ぜひ、私たちの王国会館においで下さい、聖書の正しい学びをいたしましょう」と。それで私は言う。「いやもう行きましたよ。わからなかったですか。一九日の一時四分ちょうどに行ったのですよ。わかりませんでした？　そうでしょうね、見えないかたちで行ったのですからね」と。

第七章　地獄はある

わたしたちは、見えるものにではなく、見えないものに目を注ぐ。見えるものは一時的であり、見えないものは永遠につづくのである。

コリント人への第二の手紙／四章一八節

うわべに囚われるな

愚かな者は、今、目の前にある一時的、仮のものに囚われ、永続するものの本質を見失う。だが、賢明な者は外見に左右されず、内に隠されたものの本体を見極める。

時に、ものすごい豪邸に住んでおられる奥さんは偉い、借家に住んでいるおかみさんはたいしたことはない、というように、いつも家のことを問題にされる方がおられる。またある女性はいつも服装のことを話され、身なりでその人を評価される。またいつもどこの学校を出たか、どこの会社に行っているかで人間を判断する御方がおられる。

しかしこれらは人間の価値を決めるものでは決してあり得ない。それは人間の本体ではなく、仮の住まい、それに着せる服、今だけの容器でしかすぎないものである。

ところがたいてい人はこの仮のもの、うわべに囚われる。それが証拠に人間とは身体だと思う。だからあらゆる新聞、雑誌、ラジオ、テレビが、スポーツ、芸能、セックス、健康法、料理、血液型などすべて身体、肉体のことだけを問題にしている。まるで魂とか心のことは問題にされない。死んだらおしまい、御陀仏だと思うからであろう。だが死は、霊魂が、破れて着れなくなった肉の着物を脱ぎ、壊れた肉の家を出ることでしかない。

からだは霊の住い

使徒パウロは次のようにテサロニケ人への第一の手紙の終わりに書いている。
あなたがたの霊と心とからだとを完全に守って（テサロニケ人への第一の手紙／五章二三節）

ここには人間は、霊と心（魂）と身体の三つの構成要素によって出来ているとある。人の命とは霊にある。しかも、それは神から来る神の霊であるので、「あなたがたは神の宮であって、神の御霊が自分のうちに宿っていることを知らないのか（コリント人への第一の手紙／三章一六節）」とあるように、人間の身体は神の住まいたる宮である。しかも「わたしたちは、生ける神の宮である（コリント人への第二の手紙／六章一六節）」とあるように、生きて動くお社である。もっともパウロはそれもテント（幕屋）のような仮の住まいだと言う。身体は霊の入れ物にすぎない。パウロは言う。

わたしたちの住んでいる地上の幕屋がこわれると、神からいただく建物、すなわち天にある、人の手によらない永遠の家が備えてあることを、わたしたちは知っている。（コリント人への第二の手紙／五章一節）

永遠の家とは天国であり、仮の幕屋である身体を捨てて初めて入れる所である。

この朽ちるものが朽ちないものを着、この死ぬものが死なないものを着るとき、聖書に書いてある言葉が成就するのである。「死は勝利にのまれてしまった。……」（コリント人への第一の手紙／一五章五四、五五節）

人が救われるとは、この朽ちるもの即ち肉の服を脱ぎ捨て、死なないものを着ることに他ならない。また彼は、人の身体は地のちりで出来た壊れやすい陶器であるとも言う。

しかしわたしたちは、この宝を土の器の中に持っている。……（コリント人への第二の手紙／四章七節）

このように人間の体（カラダ）は「空（カラ）」であって霊魂の住む家、その幕屋、その宿る宿、それを入れる土器、それの着る服である。だから、その本質は中身の宝で、神の霊である「霊魂」である。ところが妙なことに、ものみの塔の説によると、この一番大切な「肝心のもの」がないのである。

人間は魂なのです。ですから当然、人が死ぬ時にその人の魂は死にます。聖書はこれが事実であることを再三述べています。魂は不死であるとか、死ぬことができないなどとは、聖書のどこにも述べられていません。……………エゼキエル書18章4節と20節には、「罪を犯している魂――それが死ぬのである」と説明されています。（あなたは地上の楽園で永遠に生きられます／七八、七九頁）

聖書は霊感によって書かれた。だから著者は神である。それゆえに神の目から見てどうかが記されている。これは人間のことでも例外ではなく、神の目から見ると人間の本質は霊魂である。だから、人間のことを「魂」と呼ぶ。すべての人は確実に死ぬ。だがそれはその住まい、容器である身体が滅びるだけであって、魂は死ぬのではない、身体だけが死ぬのである。

彼らは魂、心を問題にしないで言う。「人間とは土のちりとその活動力とでできている」と。人間の本質は、体を服とする霊ではなく、ただ動き回る肉体だけの存在だというのである。これは言わばたいてい誰もが考える普通の人間観であるので、現代人には受けるかもしれない。だが聖書にはそう書いていない。

「人間の魂に不滅も不朽もそなわっておらず、魂は肉体もろとも死んでしまうのですから、宗教家の中には、では人間も動物のように死ぬのかと言って怒る人がいるかもしれません。…………伝道の書三章一九節から二一節をごらんください。「人の子らに臨むところは獣にも臨むからである。すなわち一様に彼らに臨み、これの死ぬように、彼も死ぬのである。彼らはみな同様の息をもっている。人は獣にまさるところがない。すべてのものは空だからである。みな一つ所に行く。皆ちりから出て、皆ちりに帰る。……」（神が偽ることのできない事柄／一四七、一四八頁）

明らかにこの引用からわかることは、神のかたちに造られた人間も獣も同じだというのである。そうなれば、その文の後に「人はその働きによって楽しむにこした事はない（伝道の書／三章二二節）」と言っているように、享楽的に生きればよい。本能のままに生きる獣と変わらない生活をすればよいということになる。だが著者ソロモンは、この書の結論として次のように言う。

事の帰する所は、すべて言われた。すなわち、神を恐れ、その命令を守れ。これはすべての人の本分である。神はすべてのわざ、ならびにすべての隠れた事を善悪ともにさばかれるからである。（伝道の書／一二章一三、一四節）

これは「好きなように生きてはいけない、神を恐れよ、善悪ともその報いがあるからだ」ということだが、報いがある限り、人はその死をもって終わるのではないということなのではないだろうか。

ソロモンがここで言うのは、人が死に、無に帰し、すべて空になるというのは、肉の身体の話をしている。どんなにこの世で贅沢をし、繁栄しようと、死でもってこの世の働きが終わる。人は死とともに霊肉が分離され、肉体は滅びるが、魂は残る。その肉体だけを捉えれば確かに生命力はなくなり、意識はない。死人に口なしということである。

だが、霊は別の世界に生き続けるはずである。死人は「数年過ぎ去れば、わたしは帰らぬ旅路に行くであろう。わが霊は破れ、わが日は尽き、墓はわたしを待っている（ヨブ記／一六章二二より一七章一節）」とあるように、この世に帰れない。だから人のこの世の計画は滅び、すべて空に帰するのである。

「地獄は存在しない、その上、死後、霊魂は存在しない」となれば、意識もない。意識もないのに地獄で苦しむはずもないわけである。もっとも話は反対で、「愛に富むエホバの証人」の人々には、「愛の神が人を永遠に苦しめる地獄を用意されるはずがない」という思い込みが先にある。だから彼らは、地獄がないなら不滅の霊魂などと言うのはおかしいと推理して、意識もない、むろん活動もないと言うわけである。だが、それらは聖書の言葉と合わない。

死はやがて目覚めねばならない眠り

「また墓が開け、眠っている多くの聖徒たちの死体が生き返った（マタイによる福音書／二七章五二節）」などとあるように、聖書では死は眠りと言われる。他に「ながい眠り（エレミヤ記五一章三九、五七節）」、「死の眠り（詩篇一三篇三節）」、「地のちりの中に眠る（ダニエル一二章二節）」、「眠った者（コリント人への第一の手紙一一章三〇節）」などと言われている。

眠っているのだから、よく眠れる者もあれば眠れない者もいる。この世に未練がある者はよく眠れないので、彷徨い出て幽霊になる。反対に罪の少ない者はよく眠れる。だから、また死は「休息」あるいは「安息」にたとえてある。（ヘブル人への手紙三章七節より四章一

一節。黙示録六章一一節、一四章一三節。ダニエル書一二章一三節他）

またこの黄泉に下ったものは、死んだ者というより、弱くされた生者（イザヤ一四章一〇節）で、亡霊として出てくる（ヨブ二六章五節イザヤ一四章九節、二九章四節）。これをミコとか口寄せが呼び出したりした。

サムエルはサウルに言った、「なぜ、わたしを呼び起して、わたしを煩わすのか」（サムエル記・上／二八章一五節）

これをエホバの証人は、聖書で禁じられた霊媒、悪霊の術だから、出てきたのは本当のサムエルではなかったと言う。だが、その彼の言葉は真実を告げていることから、明らかに本物のサムエルとしか思えない。

勇士の首領はその助け手と共に、陰府の中から彼らに言う、『割礼を受けない者、つるぎに殺された者は下って伏している』と。（エゼキエル書／三二章二一節）

このように陰府の中にいる死んだ者でも、ものを言うのである。意識がないどころではない。

こうして、彼は獄に捕らわれている霊どものところに下って行き、宣べ伝えることをされた。……死人にさえ福音が宣べ伝えられた。（ペテロ第一の手紙／三章一九節、四章六節）

死後、人間に魂も意識もないのなら、どうして福音を伝え、また聞くことができよう。

聖書をよく読むと、人は死ねば魂は生きたままで、地下の牢獄とも言うべき黄泉、陰府に下って、最後の審判を待つものと考えるしかない。

黄泉は墓ではない

エホバの証人では、死後、多くの人の行く陰府、黄泉のことを「人類共通の墓」だと言う。実際、一六一一年に出版された有名な『欽定訳聖書』では、六五回出てくる「シェオール（ヘブル語。ギリシヤ語では「ハデス」という）」はその半分が「墓」や「坑」と訳されている。旧約聖書では、そこは悪人だけでなく善人も行くとある。だから彼らはいよいよ「ハデスは地中の墓だ」と述べる（神の偽ることのできない事柄／三五七頁他参照）。

なるほど、人間とは「身体のことだ」と思う彼らの説らしい。だが次の言葉からしても、それはどうもおかしい。

わたしに示されたあなたのいつくしみは大きく、わが魂を陰府の深い所から助け出されたからです。（詩篇／八六篇一三節）

あなたは神の深い事を窮めることができるか。全能者の限界を窮めることができるか。それは天よりも高い、あなたは何をなしうるか。それは陰府よりも深い、あなたは何を知りうるか。（ヨブ記／一一章七、八節）

これらから、陰府は非常に深いところにあるとわかる。だとすれば、墓とは明らかに違うとわかる。

遊女のくちびるは蜜をしたたらせ、…………………その足は死に下り、その歩みは陰府の道におもむく。（箴言／五章三節、五節）

この陰府の言葉は、単にすべての人が行く「墓場」ではないであろう。次の文中にある（シェオール）は筆者による補足である。

子を懲らすことを、さし控えてはならない、むちで彼を打っても死ぬことはない。もし、むちで彼を打つならば、その命を陰府（シェオール）から救うことができる。（箴言／二三章一三、一四節）

この言葉から、陰府（シェオール）と墓とは違うとわかる。ムチ打って子供を懲らしめれば、悪い癖は直り、善い子になるだろう。だが、どんなに善い子になっても死即ち墓はまぬがれることはできない。墓は身体の行くところであり、陰府は魂の行くところだからである。

また、からだを殺しても、魂を殺すことのできない者どもを恐れるな。むしろ、からだも魂も地獄で滅ぼす力のあるかたを恐れなさい。（マタイによる福音書／一〇章二八節）

この言葉から、肉体は死んでも魂があるのは明らかである。肉体の死に加えて魂の死（これは滅びとあるが、地獄に行くの意味であろう）が仮定されている。恐れるべきは、その魂が地獄に行くことであるはず。もしその魂も、ものみの塔の言うように身体の死とともに消滅してしまうなら、何も恐れることはありはしない。

キリストの復活以前までは、悪人だけでなく善人も陰府に行ったと考えられる。だが復活の後は、信者はキリストの元に、そうでない者は依然として陰府に行くと思われる。

この貧乏人がついに死に、御使たちに連れられてアブラハムのふところに送られた。
（ルカによる福音書／一六章二二節）

よく言っておくが、あなたはきょう、わたしと一緒にパラダイスにいるであろう。（ルカによる福音書／二三章四三節）

死ぬ
↓
陰府・黄泉……善人も悪人も……旧約聖書による
パラダイス……善人（罪が許され善人とされた者）
陰府……罪人（すべての人は罪を犯している）
……新約聖書による

ゲヘナ

最後の審判の後、罪人が入る地獄をゲヘナという。ものみの塔は、このゲヘナという言葉がもともとエルサレムのゴミ焼却場を指すものであったので、地獄《ゲヘナ》とは永遠の滅びを象徴するものにすぎないと言う。決して人間が永遠に苦しむそれではないというのである。彼らは、愛の神が人間を永遠に苦しめるはずがないという。実際「神は愛である」と聖書にある（ヨハネ第一の手紙四章八節）。だが聖書をちゃんと読むと、どうもおかしい。

地獄では、うじがつきず、火も消えることがない。（マルコによる福音書／九章四四、四六、四八節）

ここで同じことを三度も繰り返し執拗に「尽きず、消えない」とあるが、死後行く地獄は消えない火が燃えている。これが消えないのは、苦しみが永遠に続くということであろう。

人の子はその使たちをつかわし、つまずきとなるものと不法を行う者とを、ことごとく御国からとり集めて、炉の火に投げ入れさせるであろう。そこでは泣き叫んだり、歯がみをしたりするであろう。そのとき、義人たちは彼らの父の御国で、太陽のように輝きわたるであろう。（マタイによる福音書／一三章四一～四三節）

これは、義人たちが御国即ち天国で太陽に輝く時だから、炉の火とは地獄の火のことであろう。そこでもし意識がないのなら、どうして泣き叫び、くやしがるのであろうか。意識があって苦しむから、泣き叫ぶのに違いない。

のろわれた者どもよ、わたしを離れて、悪魔とその使たちとのために用意されている永遠の火にはいってしまえ。………そして彼らは永遠の刑罰を受け、正しい者は永遠の生命に入るであろう。（マタイによる福音書／二五章四一、四六節）

これなども永遠の苦しみを意味する言葉ではないだろうか。単に滅びるだけなら永遠の火とか永遠の滅びなどと大袈裟に言う必要もないと思うのだが。

両手、両足がそろったままで、永遠の火に投げ込まれるよりは……両眼がそろったままで地獄の火に投げ入れられるよりは、………（マタイによる福音書／一八章八、九節）

もしゲヘナが単に人を滅ぼし尽くす、即ち永遠に存在できない者にするところなら、何も手や足や目を問題にされることはないであろう。

その苦しみの煙は世々限りなく立ちのぼり、そして、獣とその像とを拝む者、また、だれでもその名の刻印を受けている者は、昼も夜も休みが得られない。（黙示録／一四章一一節）

彼らを惑わした悪魔は、火と硫黄との池に投げ込まれた。そこには、獣もにせ預言者もいて、彼らは世々限りなく日夜、苦しめられるのである。（黙示録／二〇章一〇節）

もうこれだけ書けば十分であろう。永遠に苦しむ地獄はある。そこに入ってから助けてくれと言っても遅い。その前に気づかないと救われない。

ある金持ちは、ゲヘナの前の段階の陰府ですでに「わたしはこの火炎の中で苦しみもだえています（ルカによる福音書／一六章二四節）」とあるように、地獄の火に焼かれ苦痛に悶えている。そして自分はもうここから抜け出ることができないのなら、せめて「わたしに五人の兄弟がいますので、こんな苦しい所へ来ることがないように、彼らに警告していただきたいのです（ルカによる福音書／一六章二八節）」と言っている。

こうはっきり書いてあるのに彼らエホバの証人は、比喩、たとえ話だと片付ける。このところも、他のところと同様に特にあきれてものが言えない。だが、それが彼らの言う通りたとえだと認めても、イエスが全く現実にないことを背景にたとえ話をされるということはないはずだ。

死後裁きは、罪に応じる

地獄はあるどころではなく、それには段階がある。
これはいのちの書であった。死人はそのしわざに応じ、この書物に書かれていることにしたがって、さばかれた。死も黄泉もその中にいる死人を出し、そして、おのおのそのしわざに応じて、さばきを受けた。それから、死も黄泉も火の池に投げ込まれた。（黙示録／二〇章一二、一三、一四節）
さばきの日には、ソドムの地の方がおまえよりは耐えやすいであろう。（マタイによる福音書／一一章二四節）
神は、おのおのに、そのわざにしたがって報いられる。……悪を行うすべての人には、ユダヤ人をはじめギリシヤ人にも、患難と苦悩とが与えられ、善を行うすべての人には、ユダヤ人をはじめギリシヤ人にも、光栄とほまれと平安とが与えられる。なぜなら、神には、かたより見ることがないからである。（ローマ人への手紙／二章六節より一一節）

人の子は父の栄光のうちに、御使たちを従えて来るが、その時には、実際のおこないに応じて、それぞれに報いるであろう。（マタイによる福音書／一六章二七節）

わたしたちは皆、キリストのさばきの座の前にあらわれ、善であれ悪であれ、自分の行ったことに応じて、それぞれ報いを受けねばならないからである。（コリント人への第二の手紙／五章一〇節）

これらから、罪はそのわざに応じて罰の度合が違うとわかる。パン一つ万引きした者と人殺しとは、その罪に対する刑罰が違う。だのに皆滅んでしまうのでは、刑は同じになってしまう。神は不公平だということになってしまう。ユダヤ人を六〇〇万殺したというヒトラーも、二〇〇〇万人粛清したというスターリンも、同じく滅び消え去るだけだということになってしまう。

またキリストの教えを全く知らないので受け入れようがなく死んだ者と、彼の罪の許しを知っていながら受け入れない者とは、地獄に行ってもその刑の重さが違うので、その罰せられ方が違う。

主人のこころを知っていながら、それに従って用意もせず勤めもしなかった僕は、多くむち打たれるであろう。しかし、知らずに打たれるようなことをした者は、打たれ方が

少ないだろう。（ルカによる福音書／一二章四七、四八節）

このように天国にも段階があるように、地獄の刑罰にも段階がある。それが公平というものである。死んだら無になるのなら、このような表現は必要ないであろう。

甘やかされた人間は、神を甘えの対象と考える。そして自分のこうあってほしいという願望を、聖書より優先する。そして自分の願い、思い込みに合わないところは、すべて「比喩、たとえ」としてごまかす。

とかく妙なヒューマニズムに犯された多くの人々は、「神は愛」だから永遠に苦しむ刑罰などあるはずがないと言う。だが、私は言おう。「神は愛なのだからこそ、このすばらしい愛を拒み否定する者は当然、地獄だ」と。

なぜイエスに救いがあるのか

ある人は言う。「地獄を造り、そこへ人間をぶち込み、永遠に苦しめるなんて、そんな神様は私は信じません」と。だが、罰せられて当然の人が罰せられるのである。また、そういう人でも救いがないというのではない。この世において誰でも救われる。行いがなくても救われる。

そのとき、主の名を呼び求める者は、みな救われるであろう。（使徒行伝／二章二一節）

こうあるのだから、主即ちイエスに救いを求める者は皆、救われる。だが神は「わしは救っていらん」と言う者まで救うほどお人よしではない。

また救ってはほしいが「キリストは嫌だ、〇×様でなければいけない。御先祖様にしてほしい」という人も結構多い。だが自分が地獄にいるのに、人を助けるどころではないという場合もある。

あの十字架にかけられたイエスに救いがあるというのは、第一に、彼が人ではなく、天地の創造主だから人を救う全能の力があるということであり、第二に、彼がこの罪深き我の身代わりに死に、地獄に行ってくれたというところにある。

地獄とは、神の罪人に対する刑罰に他ならない。人間の罪——それはあまりにひどいので、父なる神は一人残らず滅ぼそうと決意しておられる。

だが神は罪人を憐れんで下さり、許しがたい罪人を許す道を開かれた。とりなす者があり、身代わりになる者がおれば、許す道である。だからこの地獄の火から救われるには、身代わりになる者が必要なのである。イエスのこのとりなしの愛を信じ、感謝できるようになれば、イエスは私たちの身代わりになってくれる。

神はそのひとり子を賜ったほどに、この世を愛して下さった。それは御子を信じる者がひとりも滅びないで、永遠の命を得るためである。（ヨハネによる福音書／三章一六節）

ユダヤ人は、このイエスの神の子たることとその身代わりの刑罰を認めない。それはよく言えば、自分の知恵、才能、努力に自信があるからである。だが悪く言えば、神の偉大さと清さに対して、人間の弱さ、罪深さに気づいてないと言える。
キリスト教の教祖と言うべきパウロは、熱心なユダヤ教徒から突然キリスト教に改宗する。彼はそれまで、律法（言わば道徳、倫理）の戒めを実践し、守ることによって救われると信じていた。即ち立派な人になること、人格の完成こそが人も自分も幸せにする道と考えていたわけである。だから善い人でいっぱいになれば、地上天国は到来すると思っていたのである（以下、多少繰り返しになるが大切なのであえて言おう）。
ところがある日、キリストに突然出くわしてから、これは「この反対が正しい」と覚るようになる。誰も立派な人などいないではないか。私も神の戒めを守っているように思っていたが、よく考えてみると、その一つすら実践していないではないかということに気づいたのである。彼は言う、
わたしの内に、すなわち、わたしの肉の内には、善なるものが宿っていないことを、わたしは知っている。なぜなら、善をしようとする意志は、自分にあるが、それをする力がないからである。（ローマ人への手紙／七章一八節）
だから、もしこの世が善い人（結局、それは偽善者）だらけになれば、天国どころか地獄になると知ったのである。人は人自らを救うことはできない。人類は人類の力によっては、滅びに向かうのみである。そこで、救い主が来て下さらないと人は救われない。

地獄がある訳

地獄はないという説が如何に愚かな考えか。それはこの世の現実を直視すれば誰でもわかろう。天国、地獄はこの世にすでにいっぱいある。それは氷山の一角で、大部分は水面下即ちあの世になる。だが水面に浮かぶそれの一部を見るだけで、隠れた大部分がわかる。

即ち地獄は何もあの世に行って調べなくても、すでにこの世にいくらでも存在する。交戦状態の国、アフリカの飢餓地獄、癌病棟、中絶現場、交通事故現場、学校の受験地獄など。今、地球上のどこにでもある。

……寒くあれば麻ぶすま引き被り布肩衣ありのことごと着そえども寒き夜すらを我よりも貧しき人の父母は飢え寒からむ妻子どもは乞いて泣くらむ……等（要約）、山上憶良の『貧窮問答歌』にあるように、ろくに着るものも食べるものもなく、冬は寒くて寝られず、夏は蝿蚊蚤等に悩まされ熟睡できない。常に腹ペコで、常に働きづめで、やっとありつけた御飯も粟、ひえ、芋で、床のない家で、わらの中に寝起きする、結婚できるのは長男だけで、やっと出来た子を間引く、………など人間は動物とたいして変らない生活を何万年としてきたのである。

このような生き地獄が永い人間の生活であった。それが普通なのである。こういう苦しい人生でも生きておれることこそ天国と言えるのに、普通にやっておれば天国のような現代日本社会に生きていて、不平不満だらけで愚痴ばかり言い、あげくは「死後、地獄がない」なんて言うのは絶対おかしい。甘ったれているのもいいところである。

むろん昔の彼らが、そういう生き地獄の中に生を受けていたといっても、彼らが何か罪を犯した結果そうなっていたというわけではなかった。それなのに彼らは自分の生を有難い、もったいないと感謝していた。

だが現在の天国のような世の中に生を受けていながら感謝するどころか、罪深い怠惰な生活をしている。その上、人間は、有難うと感謝もしない。それどころか、また「もっと快楽を、もっと楽しみを与えよ、恵み方が足らん」といくらでも欲望の追求を始める。

そしてそれは「金銭を好む者は金銭をもって満足しない。富を好む者は富を得て満足しない。(伝道の書／五章一〇節)」とソロモンが言っているように、欲望の追求は、限りない飢え渇きをもたらす。だから際限がない。いくら欲しいものが手に入っても、それに感謝する気持ちがなかったら、いくら物質的に環境的に恵まれていたとしても、不平不満だらけで、限りない不幸が待ち受けているだけである。となれば、それは当然地獄だとわかるはず。

人として生かされている……これこそ天国なのだ、路傍の石は生きていない。いっぱいあるのに命がない。生きたくても生命が与えられていないのだ。それに比べ、私たちは生きている。私は生きている。いや生かされている。何とすばらしいことだろうか。

そのうえ、人間として生かされている。草、木としてではなく、虫やイヌネコではなく、人間としてだ。何とすばらしいことだろうか。命のないもの……それは数え切れない。その中で、地球上には3×10^{33}の生物がいると言われている。そして、この私たちはその最もすばらしい人間として生を受けている。その生きもの中で人間と言えば、四十数億で、生きもの全体から見れば、ごくわずかなものだ。

その尊い人間の中で私たちは、日本人として生を受けている。昔ではなく、今の日本だ。日本は今、地球上で最も豊かな平和な国の一つだ。

天地万物を創造し、人間に命を与えられた神が求めておられるのは、愛し、感謝し、喜ぶ心なのである。神は人間に贈り物（健康、幸せ、繁栄など）を与えることによって、神の愛を知り、感謝を学び、喜びを表すことを求められる。

それなのにこれを喜ばず、感謝もしない、そして不平と愚痴をこぼし、あげくは自分の人生を粗末にし、「なぜ俺を生かした」と『命の与え主』に抗議する。……これでは、いくら愛の神でもこういう人は、呪いをもって罰される。

私たちは神の救い（愛と恵み）を知れば知るほど、これを無視し、これを踏みにじる者は、絶対に許せないと感じる。また命の尊さと自分が生かされていることのすばらしさを悟れば悟るほど、これを粗末にし、これを殺す者の投げ込まれる地獄の深さを知る。

だから、逆に「地獄は存在しない。人を愛する神が、人間をそんな地獄に入れて永遠に苦しめるはずがない」と言うのは、人を救おうという神の愛も、今自分が人間として生かされているすばらしさも知らないとしか言いようがない。

第八章　キリストの再来と世の終わり

主の日はすでにきたとふれまわる者があっても、すぐさま心を動かされたり、あわてたりしてはいけない。だれがどんな事をしても、それにだまされてはならない。

テサロニケ人の第二の手紙／二章二、三節

驚くなかれ、もう二千年前から、主の日即ちキリストが再び来たのだとふれ回る人がいたのである。それが今もいる。……ということは、いつの時代でもそういう人たちはいたのである。使徒パウロはそういうものに気をつけなさい、だまされるなと言っている。

一九一四年の秘密

キリストは再び帰ってくると言われ、天に昇られた。それで再び来たのが一九一四年だという。これがものみの塔唯一のオリジナルなのだが、これが全くのウソっぱちなのである。だから、これが言わば彼らエホバの証人のすべての誤謬の始まりであるわけだ。

彼らは、多くの本の中で実際来ていないのに「キリストは来た」と弁解がましいことをとくとくと並べられる。まず彼らがどう言うか楽しみというものである。以下に「あなたは地上の楽園で永遠に生きられます」の一四五頁から一四七頁までの一部を抜粋する。

そのことを知っていたのはイエスの使徒たちだけで、世は知らなかったのです。

彼らはこう言うことによって、「だからキリストが来られたのを見たのは、私たちエホバの証人の指導者のごく一部の者だったのです」と言いたいのだろう。誰も見てはいないのだが。

霊的な体で戻られ、目には見えません。

要するに説明しにくくなると「霊的」と言えば、どうにでも言い逃れられる。

「すべての目が彼を見る」という表現は、その時すべての人がキリストの臨在を理解する、もしくは認めるという意味です。

「臨在」も「理解」も「認める」という言葉もすべて各自の主観に依存するものであって、その上、非常に抽象的な言葉である。物事は各自の主観の次元に落とせば、どうでも言える。その上に抽象化すれば、それこそ白を黒、善を悪、神を悪魔、天国を地獄と、どうだって言える。

キリストが戻られるということも、実際にこの地に戻って来られるという意味ではありません。むしろこの地に対する王国の権を執り、地に注意を向けるという意味です。

キリストが地に注意を向けているのは、永遠の昔からである。

……わたしは、天においても地においても、いっさいの権威を授けられた。（マタイによる福音書／二八章一八節）

キリストが王国の権をとったのは二千年前のことで、天に昇り全能の神の右に座された時からであるはず。

本当に戻っておられることを確認する方法がありますか。はい、あります。キリストご自身、目に見える「しるし」をお与えになりました。

キリストは、自分の再び来る時や世の終わりに起こる「しるし」について予言された。だが、それからは一九一四年であれ何であれ、具体的な数字は絶対出てこない。

終わりのしるし

時のしるしについて、エホバの証人は今述べた本では次の一一の証拠を挙げている。

①戦争
②食糧不足
③疫病
④地震
⑤不法が増す
⑥恐れから気を失う
⑦親への不従順
⑧金を愛する者が増える
⑨神を愛するより快楽を愛する者が増える
⑩見せかけの信仰になる

⑪地球を破壊する（公害のことだが、これが手に負えなくなる）

こういうものが一九一四年から急激に増え、しかも世界的になったというわけだ。だが、これらのほとんどすべてがその定義すら難しい抽象的事項なのだから、増えた減ったを計る客観的基準すら設定できないものである。だからこういうものをもって、「一九一四年にキリストが来ました」なんて言うほうも、聞くほうも、頭が正常か疑わざるを得ない。

以前から、ものみの塔は様々な予言をしてきた。そのすべてが的中したか？　いいえ全く完全にはずれたのである。

一八七四年　キリストは再臨した。だが霊なので霊眼の開かれていない普通の者には見えない。ハルマゲドン（世界最終戦争）が始まり一九一四年に終わる。

一八七八年　キリストは王として統治を開始する。

一九一四年　①異邦人の時が終わる（すると聖都エルサレムがイスラエルに帰されることになるはずだが、これが実現したのは一九六七年の中東紛争においてであった）。

②キリストが地球の王になり、正しい政治を行う。

③この年以来、世界は患難時代に突入した。

一九一六年　この年世界最終戦争の真っ最中である。この年中に世界の審判は終わる。

一九一八年　伝統キリスト教会が滅び、その何百万人もの会員が死ぬ。

一九二二年　生存中のものみの塔の会員の幾万人は決して死なない。
一九二五年　「国は国にむかってつるぎをあげず、再び戦いのことを学ばない」と言った
ミカ書四章一より四節の預言が成就する。
アブラハム、イサク、ヤコブなどの聖徒がよみがえって、見える形で出現する（彼らはその聖徒のためにカリフォルニア州のベス・サリムというところに家まで建てた）。
一九四一年　数か月の後、ハルマゲドンになる。
一九七五年　秋にはハルマゲドンがあって千年王国が始まる（だからこの年に、この世は終わっていないとおかしい）。

ものみの塔の創設者ラッセルは、その予言がでたらめだったことが明らかになった翌々年、ポックリ死んでしまった。偽預言者は死ななければならない（申命記／一八章二〇節）という預言の成就であった。人間の予言ははずれるが、神の預言はその通りになるものだ。

一九一四年とした訳

ものみの塔がキリスト再臨の時を一九一四年とした理由は、その創始者ラッセルがセブンズデー・アドベンチスト教会の教義に大きな影響を受けたことに始まる。この派の開祖ウイ

リアム・ミラーはダニエル書とヨハネ黙示録の研究の結果、エズラが四五七年にエルサレムに帰ってから、二三〇〇年目（ダニエル書／八章一四節）の一八四三年地上に降臨すると信じた。しかしキリストはその年も翌年にも来なかった。それで彼らは、その年に来臨したのは、地上の聖所ではなく天上の聖所であったと説明した。

ラッセルは二四歳の時、キリストは今から二年前の一八七四年に来臨した。だが霊の身体で来ているので普通の人には見えないと言った（聖書を調べるとキリストの再来は二度ある。聖徒を集めるための空中再臨と、千年統治を開始する地上再臨である。前者はいつかも問題だが、両再臨の期間が大問題である）。

ラッセルは七四年に来たと言う。その間は患難時代だから患難、苦難の数四〇をもって来たのだろう。この四〇年後の一九一四年には、地上に君臨する。その時は見えるかたちで支配を始めると予言した。そしてちょうど第一次大戦が始まるといよいよ、これはハルマゲドンと直感し、世界は一九一五年までに終わると言った。だがはずれてしまい、彼は一六年には失意のうちに死ぬ。世界の終わりではなく、自分の終わりとなった。

それで彼の後継者ラザフォードは、ラッセルがセブンズデー派にしたと同じ手を使う。ラッセルが一八七四年としたのを一九一四年として、「一九一四年に確かにきたのだが、汚れた人間には見えないかたちで、霊的に来た。霊眼のある人にはわかるはず」と。そして彼はこの戦争をハルマゲドンと見ず、患難時代に入ったと解釈し直したのである。

そして「この患難時代に一四万四千人のエホバの証人の数が満ちれば、古い世界は終わる」と言ったのであるが、会員が増えて一四万四千人を超えても終わりが来ない。それで今までの説を変更して「わたしにはまた、この囲いにいない他の羊がある。わたしは彼らをも導かねばならない（ヨハネによる福音書／一〇章一六節）」より、エホバの証人の会員は一四万四千人のエホバに選ばれた者と、他の羊の群れとに分かれると言い出す。

一九一四年にこだわる

失意のうちに死んだラッセルの後継者ラザフォードは一九一四年の大戦後、続々と恐ろしい兵器が登場し、その殺戮の凄まじさを見るにつけ、一九一四年以来、世界は聖書にある患難時代に入ったと判断したのである。

ではその聖書的根拠はと調べていくうちに、ダニエル書の中にバビロン王の発狂についての次のような言葉がある。

……天から声がくだって言った、「ネブカデネザル王よ、あなたに告げる。国はあなたを離れ去った。あなたは、追われて世の人を離れ、野の獣と共におり、牛のように草を食い、こうして七つの時を経て、ついにあなたは、いと高き者が人間の国を治めて、自分の意のままに、これを人に与えられることを知るに至るだろう」。（ダニエル書／四章

三一、三二節）
バビロン王が狂ってから「七つの時」を経て「いと高き者」即ちキリストが世界を支配する千年王国が始まる。………と読める有名な予言である。

問題は彼がいつ狂ったのかということであり、七つの時とは何年なのかということである。ラザフォードは、「七つの時」を七年と見、その一年を旧暦の三六〇日と考えて360×7＝2520を算出し、これの一日を一年と計算し二五二〇年を設定した。それで一九一三年を逆算して紀元前六〇七年に達した。

前六〇七年バビロン王は発狂した？

それでこの年（前六〇七年）バビロン王が発狂したと決めつける。そしてまたユダヤ人の都エルサレムがバビロンに滅ぼされたので、それより異邦人の時に入り、以後七つの時を経た一九一四年より、患難時代に突入した。その期間に一四万四千人のエホバの証人の会員数に達する。するとこの世と彼ら以外の教会の信者は、神の刑罰によって滅ぼされ、自分らエホバの証人たちが世界を統治するなどと、全くデタラメの虚構の塔を建てたのである。

この説には多くの問題を含んでいる。まずバビロン王が狂ったのは、とうてい前六〇七年などではあり得ない。彼が新バビロン帝国の王であったのは前六〇五年より前五六二年であった。それがしかも彼の晩年と考えられるので、見当違いもいいところである。

また彼の発狂とユダヤ人の都エルサレムの占領などダニエルの預言のどこを見ても、また歴史的には何の関連も見出せない。彼らが関連すると考えたのは、狂っている七つの時とバビロン捕囚の期間が七〇年（エレミヤ／二九章一〇節）と七の点で共通性があったからであろう。

またエルサレムが占領支配され、異邦人の支配に入ったのは、六〇七年ではない。都が包囲され、占領されたのは前五九七年の三月（列王記・下／二四章一二節）であり、町と神殿が炎上陥落し、町の有力者や職人の大部分がバビロンに連れて行かれたのは前五八六年（列王記・下／二五章）である。これらの年代は歴史家のみな意見の一致するところで、少しの異存もない。

それで、これはまずいと思うのか「西暦前六〇七年に神の模型的な国の首都は、非ユダヤ人の国民によって踏みつけられました。バビロンのネブカデネザル王が、この踏みつけることを始めました。（御心が地に成るように／九三頁）」と少し自説を修正しているかと思うと、次の頁で「西暦前六〇七年にくつがえされたエルサレムは……」と言う。

そしてその二頁後の九六頁には、「しかし、その模型的な神の国は西暦前六〇七年に滅び、世界を支配したネブカデネザルは、約束の地全部を支配しました」とはっきり言い出す。そしてその後、何度もそれを繰り返し、最期の年代表にも「エルサレムと宮は６０７Ｂ・Ｃ・

に滅ぼされる（三六一頁の裏）」と、史実とはおよそ二〇年もずれがあるのに平気でそう書くのである。

聖書の記述がその通りならば、ネブカデネザルはその王位の前六〇五年より前五六二年の間に発狂したに違いない。それも自分の築いた帝国の栄誉を自慢し「**わが威光を輝かすものではないか（ダニエル書／四章三〇節）**」と自ら言った時、そうなったとあるのだから、また「**王位からしりぞけられ（ダニエル書／五章二〇節）**」とあるので、それは前五六二年のことかもしれない。

また今、私はものみの塔と似たやり方でただ一年を三六五、二四日として計算してみた。すると、この七倍で二五五七という数を得た。それでバビロン王の復活する時をX年として簡単な式を立ててみる。X＋562＝2557。すると一九九五年がバビロン王の再び王座に蘇る日になる。どうも彼は反キリスト六六六の模型のようである。

異邦人の時

次に問題になるのは「異邦人の時」であるが、これは聖都あるいは宮が異教徒に支配される期間をいう。

彼らはつるぎの刃に倒れ、また捕えられて諸国へ引きゆかれるであろう。そしてエルサ

レムは、異邦人の時期が満ちるまで、彼らに踏みにじられているであろう。(ルカによる福音書／二一章二四節)

この預言から考えると異邦人の時は、三つ考えられる。

①ソロモン神殿の破壊………前五八六年

前五八六年から二五五七(7×365、24＝2557)年を得た一九七一年、この頃イスラエルは中東戦争(第二次一九六七年、第三次一九七三年)で確実にユダヤ人のものにしたのは言うまでもない。この神殿は千年王国の模型、ユダヤ人はそこの住民の雛型なので、こういうことが起こっているということは、いよいよ王国が近いのであろう。だから王国会館に集まる証人も増える。

②第二神殿の破壊………後七〇年

キリストの予言した「つるぎの刃にたおれ、諸国へ引かれて行く」時は、紀元七〇年の第一ユダヤ戦争の時であるのは、史実より明らか。それから七つの時と言えば、苦難の数四〇にヨベルの数七×七の四九をかけた数(一九六〇)の西暦二〇三〇年になる。

もっともイエスが語った「異邦人の時」は、自分の身体として神殿が破壊された時から七つの時を経て再び神殿たるキリストが復活する即ち、千年王国で王となるということかもしれない。キリストは三日で復活し、四〇日の間、弟子らに現れて後、昇天される。そして、その一〇日後のペンテコステ(七の七回りの日)の日に聖霊として帰ってこられた。

彼が殺された年は紀元三〇年頃だから、これに一九六〇年を加えれば、一九九〇年になる。
③第三神殿の破壊………偽（反）キリストが現れてより二五五七日目、即ち七年目に起こる。

これはダニエル書九章二四節以下にある。七〇週の預言にある。

七〇週年

ダニエルは、エルサレムを建て直せという命令が出てから、この世の終わりまでに起きることを預言している。

あなたの民と、あなたの聖なる町については、七十週が定められています。これはとがを終らせ、罪に終りを告げ、不義をあがない、永遠の義をもたらし、幻と預言者を封じ、いと聖なる者に油を注ぐためです。それゆえ、エルサレムを建て直せという命令が出てから、メシアなるひとりの君が来るまで、七週と六十二週あることを知り、かつ悟りなさい。………六十二週の後にメシアは断たれるでしょう。………彼は一週の間多くの者と、堅く契約を結ぶでしょう。そして彼はその週の半ばに、犠牲と供え物とを廃するでしょう。また荒す者が憎むべき者の翼に乗って来るでしょう。こうしてついにその定まった終りが、その荒す者の上に注がれるのです。（ダニエル書／九章二四〜二七節）

聖書では、一年を一日と数え、一週を七年としている場合がある（エゼキエル書／四章六節）。ここでもそう考えてみよう。

70×7＝490 ……7週＝49年
……62週＝434年
……1週＝7年

はじめの四九年は、バビロンより帰還したエズラとネヘミヤによって、神殿とエルサレムの街路と壁とが建て直されたことに関連がある。

七年の前半三年半は、イエスが油即ち聖霊を受けてメシア（油注がれたものの意）になってから、選ばれた聖なる人々に油注ぐ（即ち聖霊を与える）ために（ヨハネによる福音書／一章三三節）宣教した期間である。そしてその終わり、即ち最期の七年の半ばに十字架にかかって聖なる永遠の供え物となった。それで犠牲と供え物は廃された（ヘブル人への手紙／一〇章九節）。

それだから後半の三年半が未だ残っている。これはメシア即ちキリストが再び来た時、モーセとエリアを用い、伝道された期間である。

キリストはたしかに「エルサレムを建て直せ」という命令が出てから、六九週年即ち四八三年目に、聖霊がハトのように下り、メシアとして立たれた。そしてその三年半後に十字架に付き、復活された。

今、聖都の再建をその中心である神殿の再興と見れば（これはバビロンを出る時、ユダヤ人に与えられたものだが）、エジプトを出た時にすでに同じ年月を経ているのがわかる。

イスラエルの人々がエジプトの地を出て後四百八十年、………ソロモンは主のために宮を建てることを始めた。（列王紀・上／六章一節）

このソロモンは、この神殿を建てるのに六年を要している。キリストの復活は、エルサレムを再建せよとの命令が出てより、即ち出バビロンより四八六年目だった。キリストの復活は神殿の再興である（ヨハネによる福音書／二章二一節）ので、これなど出エジプト後４８０年＋６年＝４８６年で共通する。

出エジプト………４８６年で………ソロモン神殿竣工

出バビロン………４８６年で………キリストの神殿（教会）が建つ

出カトリック………４８６年で………千年王国が建つか？

出カトリックとは、宗教改革によるプロテスタントの創設と考えてよいだろう。１５１７年10月31日、ドイツのルターは、九五か条の質問文をヴィッテンブルクの教会の扉に貼り付けた。腐敗しきったローマ教皇を断罪するものであったが、この抗議の運動は、燎原の火のように全ヨーロッパに広がった。

この年から、四八〇年と言えば、一九九七年、ちょうどソロモンが建てたような神殿を偽キリストが建て始めるのではないか。四八三年目の二〇〇〇年には、空中再臨があり、四八六年目の二〇〇三年には、キリストの地上再臨があり、千年王国が建ち始めるのかもしれない。

四六年

「この神殿を建てるのには、四十六年もかかっています。それだのに、あなたは三日のうちに、それを建てるのですか」。(ヨハネによる福音書／二章二〇節)

キリストは過越の祭の時、都に上り神殿に詣でて、宮清めをなさった。それが神殿を建て始めてから四六年で今だ未完であった。

これは、もしかしたらキリストが、三日即ち三千年目が始まる直前に地上にやって来て、反キリストのいる神殿を清め、選民をハルマゲドンに遭わないように大災厄を過越させる時が、イスラエル建国より四六年目であると予言しているのではないだろうか。

再臨においてキリストは二度来る。空中再臨と地上再臨である。この間は七年というものが多いが、三年半が正しい。

彼は一週の間多くの者と、堅く契約を結ぶでしょう。そして彼はその週の半ばに、犠牲

と供え物とを廃するでしょう。（ダニエル書／九章二七節）

メシア即ちキリストは一週の間、即ち七年間宣教して多くの人々と命の契約を結ぶことだったが、週の半ば即ち三年半の時、十字架にかけられた。だが、それは神への永遠のあがないの供え物だったので、それまでの犠牲や供え物はいらなくなった。

しかしキリストには救済の使命はまだ三年半残っている。それが再臨時の三年半最後の救いのチャンス（それはまた反キリストの一二六〇日の地上支配の期間でもある）として取っておかれている。

こう考えると、46年＋3年＝およそ50年という計算ができる。

三日のうちに建てるというのでもそうだ。この場合、直接にはすぐ後の説明「自分のからだである神殿のことを言われたのである（ヨハネによる福音書／二章二一節）」の通り、キリスト自身の復活である。しかし彼の体とは、彼を信じた人々の集団即ち教会を指す（エペソ人への手紙／五章三二節）のでもある。だから彼と彼らの復活は、三千年目の千年王国においてであると言えよう。ホセアの「ふつかの後、わたしたちを生かし、三日目にわたしたちを立たせられる。（ホセア書／六章二節）」というのがこれである。

また三日とは、三年を指すとも言える。キリストはこの時より三年経って復活した。これはまた、この世の終わりにおいて最後の大患難時代を避けるために、彼を信じる者を携え上げ、言わば昇天させて天に置く期間が三年ということでもあるはず。

このように聖書を正確に読み考えていく時、いくら何でも一九一四年にキリストが来たとか、一九七五年に千年王国が始まったとは全くのでたらめであり、患難時代が四〇年も六〇年も続くものでないとわかる。

エホバの証人は一九一四年の失敗に懲りず、またまた「一九七五年一〇月でアダムが造られて六千年になります。それで古い世界は終わり、千年王国は始まります」と言ったが、何もそれから世の中は変わっていない。それで最近は言う。「その日その時刻はだれも知りません（マタイによる福音書／二四章三六節）とありますから」と。

知りませんの意味

この手のひらを返すようなエホバの証人の言い方のように、多くの人はキリストの「その日、その時は、だれも知らない（マタイによる福音書／二四章三六節）」を取り違えて「わからない」と解釈する。だがそういう彼らは、キリストは全知全能の神様なのだと言う。奇妙な話である。

この「知らない」という言葉（知る＝オイダ）の意味は、「関係ない」ということである。キリストが逮捕された時、弟子のペテロは、逃げ回って捕えられそうになると、自分を弁護して次のように三度も言う。「そんな人（キリスト）は知らない」と。ここでペテロは「キリストと私は無関係です」と言っているのだ。

「キリストはいつ来るか」「世界はいつ滅ぶか」……その日その時を計算したり、予言したりするのは、それ自体が悪魔のすることで、多くの人は、とんでもない誤りだと言う。しかし「大地震が来るぞ」と叫び廻っても、「いつ来るか？」と尋ねられて「いつかきっと来る」では答えにならない。いずれ（特に日本では）大地震も起こるに決まっているからである。

それと同じように、この世は必ず滅ぶ。だから「滅ぶぞ」と叫ぶ限りは、その日その時は「いつか」はっきり言うべき責任もあるように思う。問題は聖書である。聖書にどう書いてあるかが大切。

預言者の叫び

預言者ヨナは、アッシリアの都ニネベが「後四〇日で滅ぶ」とわめきまわっている（ヨナ書／三章四節）。またダニエルは、キリストが六九週年の後来るとはっきり数字を出して預言している。（ダニエル書／九章二四～二七節）
これを知っており、「この預言の数値通りキリストは来た」と言ってるかと思うと、その舌の乾かぬうちにキリストの再臨の時を予言するのは、間違いだという者が多い。
まことに主なる神はそのしもべである預言者にその隠れた事を示さないでは、何事をも

なされない。（アモス書／三章七節）

見よ、主の大いなる恐るべき日が来る前に、わたしは預言者エリヤをあなたがたにつかわす。（マラキ書／四章五節）

この預言書にあるように、世の終りに再びエリヤやモーセがやってくる。彼らはヨナやダニエルと同じく、かなりはっきりとしたことを言うに違いない。それを大多数の人は、偽預言者、異端者と決めつけ、迫害し、殺すに決まっている（黙示録／一一章七節）。

セブンズデーやその分派エホバの証人らの誤りは、どうにでも取れる聖書の言葉の一つか二つを根拠に計算して、その日その時を算出したことにある。

世界が滅亡し、人類がほぼ死に絶える日は、極めて大切な日なのだから、神もあらゆる手段を尽くして教えようとされる。だから一つや二つの言葉やオーメン（予兆）でもって、その時を決定づけることは愚か極まりない。

何事でも三つ以上、できれば七つ以上の確かな根拠があって初めて「それは起こるかもしれない」と言うべきだ（聖書をよく調べると、二〇三〇年前後に世の終わりの時が来る（?）という多くの根拠が見つかる）。

六千年目とした根拠

聖書をよく調べるとキリストは弟子の頭ペテロには、密かに「その日（即ちダ、デー）」を教えられたのではないだろうかと、どうもそうとしか考えられない聖書の箇所がある。

愛する者たちよ。この一事を忘れてはならない。主にあっては、一日は千年のようであり、千年は一日のようである。（ペテロ第二の手紙／三章八節）

この言葉の位置がそれを物語るのである。この前節では「火で焼かれる」とあり、後の一〇節では「主の日は盗人のように襲ってくる」とある。これらの行間からペテロは終わりの日はいつか、師キリストから聞いて知っていると読める。

その上、「愛する者たちよ」と、ここで三度も言っている。いかにもこの箇所に注意しなさいと言っているようである。

聖書はよく見ると創世記の始めにはすでに人類の歴史が計画され、発表されているのがわかる。

こうして、天と地とそのすべての万象が完成された。それで神は、第七日目に、なさっていたわざの完成を告げられた。すなわち、第七日目になさっていたすべてのわざを休まれた。神はその第七日目を祝福し、この日を聖であるとされた。（創世記／二章一～三節）

ここを読むと宇宙を造った神の日に、今述べた「一日は千年」とあることより、千年をかける。それが宇宙万物をぶち壊す日を知るカギだ、ヒントだと、ここはいかにも言っているように思える。
神は世界を六日間で創造され、最後の一日を休まれた。と同じように、神は世界を六千年かけて造り上げ、最後の一千年を休みにされる。その一千年の安息は、ちょうど黙示録二〇章にある千年間の王国の「千年」に合うので、アダムより六千年目の日が問題になるのである。この創造の最終日の日がちょうど来たるべき千年王国だという説を根拠づけるのには、次の聖句が参考になろう。

すなわち、聖書のある箇所で、七日目のことについて、「神は、七日目にすべてのわざをやめて休まれた」と言われており、またここで、「彼らをわたしの安息に、はいらせることはしない」と言われている。そこで、その安息にはいる機会が、人々になお残されているのであり……（ヘブル人への手紙／四章四〜六節）

問題は、ここにあるように入れる者とそうでない者が分けられる「ふるいにかける」時が来るということである。即ち神の子が来る人間の収穫の時、実の入らないカラは焼却される。つまりその頃に世界は焦熱地獄と化し、その前後にキリストが再来する。と予言されているからである。しょうど（焦土）としてじょうど（浄土）になるのである。おそらくそれは核戦争であろう。再来するキリストの姿が、かのキノコ雲とそっくりだからである。（黙示録一章一四より一六節ほか）
アダム誕生よりソロモンの神殿起工までは、聖書だけから計算できる。その上、この神殿は学者の調査研究によると、紀元前九五七年に起工したことがわかっている。そうするとアダムより六千年目は一九世紀末ということになる。それでまずラッセルの一八七四年再臨説を出してくればぴったり合うのではないかと思うのだが、どういうわけか一九七五年がその問題の六千年目だと言うのである。

それで彼らの出版している本を読んでいると、次のようにある。

しかも、神のわざは世の初め［紀元前四〇二六年］に、でき上がっていた。（神の偽ることのできない事柄／三〇〇頁）

いかなる根拠で天地創造の時が「紀元前四〇二六年」になるのか、全くいい加減もいいところであろう。ここにも一九一四年という年が先にあって、それから七つの時を逆算して、前六〇七年より異邦人の時が始まったという「根も葉もない根拠」を持ち出してきたと同じ論法が展開される。一九七五年より六千年前とは、前四〇二六年になるのは言うまでもない。

時のしるしは再臨前に起こること

先に述べたような一九一四年にキリストが来たという時のしるしは、すべて世の終わりのしるしであって、キリストが来てから起こるのではない。来る前に起こることである。だから一九一四年にキリストが来たというのは、こういう意味でもおかしい。

また、ものみの塔によると一九七五年に先の古い世は終わっているのだから、今は千年王国でないとおかしい。だが、依然としてこれらのしるしがあり、一層世は悪くなっている。キリストが来て王国の王になったのなら、世界は良くなっていかなければならない。だが実際にはますます悪くなっている。だから、キリストはまだ来ていないと見ないとおかしい。

エホバの証人は、一九一四年にキリストが再臨したというものだから当然、黙示録六章の「七つの封印」が解かれる箇所の解釈でも重大な誤りを犯している。

「偽キリスト」を「キリスト」と理解しているのである。この六章では七つの封印が解かれるたびに、白、赤、黒、青白い馬と騎兵が出てくる。彼らはそれをそれぞれ「白い騎兵↓キリスト、赤い騎兵↓戦争、黒い騎兵↓飢饉、青い騎兵↓死」と考えている。なぜ平和の使徒であるキリストが来たら、戦争や飢饉が起きるのか。

この説の誤りは、マタイによる福音書／二四章のキリストの予言を知らないところから来ているようである。キリストは世の終わりに次の順序で災いが起こることを予言している。五節↓偽キリスト、六節↓戦争、七節↓飢饉、九節↓殺人、これは黙示録六章と完全に一致する。

第九章　本物を見分ける

わたしは門である。わたしをとおってはいる者は救われ、また出入りし、牧草にありつくであろう。

ヨハネによる福音書／一〇章九節

恋人探し

かのセールスウーマンのクリスは何とか恵保馬家の一人息子（恵保馬位人）に一目逢いたいと思って、電話をかけたり、訪問したりするのだが、肝心の息子は出てこない。出てくるのはお手伝いさんだったり、書生だったり、母親だったり、時には怖い親父だったりする。父親も若い感じなので、うっかりすると息子と間違うほどである。

それで先に間違えてデートした書生の諸見君《もろみ》からもらった写真を元に「もしかしたら街で彼にヒョッコリ出会えるかも」と考えた。ところが、その写真とよく似た男性も多いので、また自分の目もそんなに良くないのでよく識別がつかない。

こう譬《たとえ》たらわかるだろう。信仰なるものは恋人探しなのである。また聖書のはじめにあるように、アダムがエバを探し出し、楽園に生きる夫婦生活なのである。聖書に次のようにある。

人は父母を離れてその妻と結ばれ、ふたりの者は一体となるべきである」。この奥義は大きい。それは、キリストと教会とをさしている。（エペソ人への手紙／五章三一、三二章）

こういう信仰の基本的なことを理解しない者は、当然、信者に与え逢わせる相手を間違う。

何事でも何が正しいのか、間違っているのか、見分けるのは困難なところがあるが、聖書の宗教は聖書という物さし、イエスという彼氏の写真があるので難しくはない。それに合っているかどうかを見ればよい。その写真と同じ人物を探し出せばよい。

ものみの塔も「真の宗教の見分け方」なるものを掲げている。だが、それは信仰なるものが恋人探しとは思わないから、間が抜けているとしか言いようのないものだ。「だれでも新しく生まれなければ、神の国を見ることはできない（ヨハネによる福音書／三章三節）」と言われたようなイエスの言葉などを挙げて、「新生の実質があるのかどうか」を問うなどの信仰の本質的なことは何も問題にされていない。救いの本質にかかわることを問題にすればよいのに、それがない。

大切なものが大切だと言われないのは、重点がずれているとしか思えない。実際どうにでも解せるものを、その本物を見分ける基準にしている。では『あなたは地上の楽園で永遠に生きられます』というエホバの証人の本より、その具体例を挙げてみよう。

①神の御名を神聖なものにする

これは要するに唯一の神の名を「エホバ」と言え、救いは「エホバ」という名にある、ということなのだろう。それを言うのが正しい宗教で、それを言わないのが間違った宗教だというのである。

諸教会は一般にエホバという名を用いることを避けています。中には自分たちの聖書の翻訳からそのみ名を取り除いた人たちもいます。（あなたは地上の楽園で永遠に生きられます／一八五頁）

これについては先の「神の御名」において詳しく述べたので重複は避けたいが、要点だけを言うと、次のように言えるだろう。

普通、旧約聖書で七千回近く使われた「エホバ」の名を使うのを避けるのは、次の聖書の言葉とユダヤ人の伝統およびギリシャ語訳聖書の翻訳に起因する。

あなたは、あなたの神、主の名を、みだりに唱えてはならない。主は、み名をみだりに唱えるものを、罰しないでは置かないだろう。（出エジプト記／二〇章七節）

また、救いは「エホバ」の名によるのでなく、「イエス・キリスト」の名による。

この人による以外に救はない。わたしたちを救いうる名は、これを別にしては、天下のだれにも与えられていないからである。（使徒行伝／四章一二節）

だから使徒たちが教え伝えたのは、決してエホバではなく、イエス・キリストであった。それだからキリストの弟子らは、エホバの証人ではなくイエスの証人であった。

ただ、聖霊があなたがたにくだる時、あなたがたは力を受けて、エルサレム、ユダヤとサマリヤの全土、さらに地のはてまで、わたしの証人となるであろう。（使徒行伝／一章八節）

こういう言葉からでもわかるように、エホバの証人はキリスト教ではなくユダヤ教である。それなのに「キリスト教です」というところが、羊頭狗肉だという所以である。

また私たちは「主イエス」の名によって、「エホバ家」という神の家族に入れられる。それが救われるということであり、聖書の伝える根幹的な理念であるはず。

②神の王国の宣明
エホバの証人以外のどの組織がわたしに神の王国のことを話すだろうか。神の王国が何であるかさえほとんどの人は知らないのです！彼らは神の王国については語りません。（あなたは地上の楽園で永遠に生きられます／一八七頁）

確かに、聖書のはじめに「この時からイエスは教を宣べはじめて言われた『悔い改めよ、天国は近づいた』とマタイによる福音書／四章一七節にあるように、神の国を伝えることが福音宣教の本質である。また、主の祈りにあるように「あなたの王国が来ますように（マタイによる福音書／六章一〇節より要約）」と祈らねばならない。

使徒たちは「村から村へ」「家から家に」その王国を伝えた。それでエホバの証人はそれと同じ形を自分たちが取り、しかも「王国」を伝道しているので聖書に忠実で正しいと言う。

だが本当に聖書に忠実でイエスの命令に従うのなら、次の言葉のようでないとおかしい。

イエスはこの十二人をつかわすに当り、彼らに命じて言われた、「……行って、『天国が近づいた』と宣べ伝えよ。病人をいやし、死人をよみがえらせ、らい病人をきよめ、悪霊を追い出せ。ただで受けたのだから、ただで与えるがよい。財布の中に金、銀または銭を入れて行くな。旅行のための袋も、二枚の下着も、くつも、つえも持って行くな。……」（マタイによる福音書／一〇章五〜九節）

ものみの塔の信者は、全くこの通りしていない。伝えている天国は、イエスの言ったそれとは内容が全く違う。また奇跡は全く行えない。その上、お金もいっぱい持って、靴も履いて、下着も厚く着込んで回り歩いている。

まず天国あるいは王国が近づいたとは、神の支配する国（そこには貪因も争いも病もない）が今実現する、即ち神の救いの時が今来たという意味である。ところがエホバの証人では、これを千年王国の時が近いという意味で考え、伝えている。即ち今実現する天国でなく、将来起こるであろうそれである。

ということは、それを信じる人々に夢を売るわけだが、それも何度も何度も聞くと、全くその国に入れるはずのない者でも、入れるように思えるのは不思議である。

エホバの証人は神の王国を伝えるとともに、その前に来る「世の終わり」を知らせる。それも時に彼らは後者の審判を強調するので、その教えを聞く普通の人々にとっては平安、恵みを知るというよりも、「世界は滅ぶ」というのだから滅びの恐怖を覚えるということになる。だから彼らの福音、即ち喜ばしき訪れなるものは、人々への脅しにすぎない。

もちろん彼らは「奇跡、病気直し、悪魔ばらいなどは悪魔のすること」という解釈だから、絶対そういうわざはしない。したがって神の王国は近づくどころかいよいよ遠のく。

③神の言葉に対する敬意

真の宗教を実践している人々を見分けるもう一つの方法は、聖書に対する人々の態度を見ることです。………むしろイエスは、聖書に従って教える事をしない者や、独自の考えを前面に出して聖書の教えの持つ力を弱めようとする人々を非難されました。（あなたは地上の楽園で永遠に生きられます／一八七頁）

こう言うエホバの証人ほど、聖書に不忠実な人々もいないだろう。翻訳の段階ですでに自己の過去から主張しているドグマに合わせるように、聖書の翻訳を操作している。

ところがこのことは、残念ながら伝統の教会でも似たところがある。例えば某聖書のはじめに次のようにある。

ある聖書の訳業は次のような原則によっています。

1、原典にできるだけ忠実であること。

2、文法的に正確であること。

3、一般の人々に理解できるものであること。

4、主イエス・キリストの占められるべき地位、御言葉が主にささげている地位を正しく認めること………

この翻訳の原則で問題になるのは最後の4番目である。これではいったい何が誰が「キリストの占められるべき地位」を決めるのであろうか。これでは聖書とは別の権威が他にあることになる。そして結局は聖書よりもその権威（即ち伝統的教義）の方が上になることになる。

次にエホバの証人の「奇跡は昔にあったが今はない」などという主張のすべては、イエスがなされた数多い奇跡を無意味なものにしてしまう。こういう神様は「昼寝しておられる」か、あるいは「もう老体で働けません、中風で動けません」というに等しい。こういう説は、結局は実質的に神を否定し、聖書の教えの持つ力を弱め、果ては無にすることでなくて何だろう。

④世から離れている

真の宗教を実跡している人々を見分けるのに役立つさらに別のしるしは、イエスの言われたように、『彼らは世のものではない』ということです。（ヨハネによる福音書一七：一四）これは、真の崇拝者は腐敗したこの世と世の事柄から離れているという意味です。（あなたは地上の楽園で永遠に生きられます／一八八頁）

イエスの言われる「世から離れている」ということは、「すべて世にあるもの、すなわち、肉の欲、目の欲、持ち物の誇は、父から出たものではなく、世から出たものである（ヨハネ第一の手紙二章一六節）」とあるように、物欲、名誉欲などこの世のものに心奪われないことである。

ものみの塔では、普通の教会の牧師や信徒らの多くが国家主義や政治、世の階級闘争などに深く介入しているかのように言うが、そんな事実はあり得ない。

イエスは「世の光、地の塩となりなさい」と言われているのだから、社会のことや政治に関心を持ってはいけないということではないだろう。昔の封建時代と違って民主主義の世の中、やはりこの社会というものは、みんなで支え合って存在しているのだから、エホバの証人のような非協力では成員の最小限の義務すら果たし得ない。

すべての人は、上に立つ権威に従うべきである。（ローマ人への手紙／一三章一節）

彼らはこの聖句を出して来て、行政への発言や政治的な活動を「いけないこと」とするようだ。だが、民主政治の今の世は少なくとも、いわゆるお上よりも人民のほうが主人であり、上なのである。役人は公僕といい下僕のはず。社会はみんなで支え合う、そういう秩序が出来ているのだから、政治的な参加も発言もない集団は身勝手とも言うべきであろう。

⑤愛がある

キリストの真の弟子たちを見分けるのに役立つ最も重要な方法は、彼らの間にある愛を見ることです。イエスは、「あなたがたの間に愛があれば、それによってすべての人は、

あなたがたがわたしの弟子であることを知るのです」と言われました。(あなたは地上の楽園で永遠に生きられます／一八九頁)

教会に愛があるかどうかは主観の問題であるので、彼らは戦争を問題にする。カトリックとプロテスタント、あるいはそれぞれ同志が争っていると言うのである。

まるで新旧両宗派の信者は、常にしばしば対立し、戦争ばかりしていると言わんばかりだが、それはごく一部の地域においてであって、大部分は共存しており、理解し合っている。

欧米においては、人間集団の区別は、宗教による場合が多い。戦争のことを考える場合、そのことを配慮しないと正しい理解はできない。新教徒、旧教徒といっても日本で言う仏教徒というのと同じであって、ほとんど聖書もキリストの教えについても何も知らない。だからその多くは人種的あるいは経済的な問題が争う原因なのであって、信仰上の対立があって争いが生まれているのではない。

即ちキリスト教徒と言っても名前だけがほとんどで、その中で神を信じ教会に行っている人は一割にも満たない。そういう現状では、いくら愛し合わないと、争いはいけないと熱心な信者が反対しても、おまえは付き合いが悪いと一笑に付されるだけである。

もっともたいていの戦争は、国民相互が憎いから殺し合いを始めるというわけではない。かつての朝鮮戦争を見ても、南北朝鮮の国民各自がお互い憎み合った結果、始まったわけではない。むしろ互いに愛し慕う兄弟同士が南北に分かれて争うことになった。日本とアメリカの戦争でもそうである。国民は別に憎悪の感情を抱いた結果、戦争になったというのではない。

国民一人一人の愛憎が問題なのではなく、国家の指導者が問題なのである。戦争好きの国家主義者や共産主義のようなイデオロギー集団（エホバの証人も同様の集団のように思う）に政治を委せるのが、戦争を呼ぶのである。

狂信的イデオロギーは必ず敵を造る。それゆえに、それを貫く限り人を殺す方向に向かう。また悪いことに、特定の狂信的信条に生きる人というのは本音と建前を完全に分ける。そしてあらゆる戦争は正義のため、信じるイデオロギーの拡大流布のためということでなされるので、その建前上からどうしても戦争はいけないと言えなくなる（本音で言えば誰も戦争をしたい者などいない）。

そういう狂信的イデオロギーの信奉者や戦争好きを国家の支配者にさせるのは、誤った意味の「世と離れるのがよい」という政治的無知無関心によるのである。そしてなお残念なことに、そういう戦争屋をのさばらすのは、国の内外において「何が何でも戦争反対、再軍備反対」という絶対平和主義者なのである。

かのヒトラーは第一次大戦後のヨーロッパ全体にみなぎっていた「戦争は二度と御免」という厭戦ムードと絶対平和主義を巧みに利用して短期間のうちに全欧大陸を席巻してしまった。このような黙示録の一三章にある悪魔の権化六六六の獣（反キリスト）にとって、エホバの証人のような絶対平和主義者が多数増えることほど喜ばしいことはない。

伝統は正統か

このように調べていくと、「エホバの証人」即ち「ものみの塔」がいかに聖書に伝えられている福音とは違う教えを伝える集団であるかわかるだろう。そこで彼らは異端と一笑に付し、自らの誤りを悟ろうとしないのも困ったものである。そういう人々は、伝統は正統で、正統は真理という考えを持っている。では聖書は伝統というものをどう見ているだろうか。

あなたがたは、神のいましめをさしおいて、人間の言伝えを固執している。(マルコによる福音書／七章八節)

宗教が人間の教化を本質的仕事とする限り、伝統の継承を主たる任務とする。だから必然的に保守的になり、古いものや同質のものを「良し」とし、新しいものや異質なものを理由なく「悪」と決めつけるところがある。

だが伝統には、良いものもあれば悪いものもある。前者は文化と言い、後者は野蛮と言うべきか。「良き伝統を伝えよ」という時、伝統にも良い悪いがあって、その良い面を伝えるというより、伝統はとにかくそれ自体良いものだから、それを寸分も違いなく、後世に伝えよという意味が強い。

「赤信号みんなで渡ればこわくない」という言葉が流行った。みんなやってれば、たとえ悪いことでも善く、一人二人の少人数の者しかしてないことは、善くても正しくないように思うものである。だが物事の正邪、善悪、真偽と集まっている人、支持している人の多い少ないとは無関係である。だからキリストは言われる。

恐れるな、小さい群れよ。御国を下さることは、あなたがたの父のみこころなのである。

（ルカによる福音書／一二章三二節）

狭い門からはいれ。滅びにいたる門は大きく、その道は広い。そして、そこからはいって行く者が多い。命にいたる門は狭く、その道は細い。そして、それを見いだす者が少ない。（マタイによる福音書／七章一三、一四節）

先の赤信号の場合の横の「みんな」の関係を縦の時間的人間関係において「みんな」としたのが伝統遵《じゅん》守主義である。

即ち生きている人だけでなく、死んだ人まで繰り出し、親も先祖もそうしてきた、だから正しい、同じようにすべきだ、と言うのである。そうなれば先祖が酒飲みなら子供もそうでなければならず、まだチョンマゲを結ってなければならないことになる。

伝統というものが正しいのなら、これも止めるのはいけないということになる。

かくして伝統だといっても、それだけでは必ずしも真理とは言えないことがわかる。では、伝統は正統につながるかどうか。かのマリヤ崇拝を持ち込んでいるカトリックは、その点では異端の最たるものであろう。如何に数千年続く伝統であろうが、聖書にないものは異端であろう。それは次の言葉の通り神に抜かれるものである。

わたしの天の父がお植えにならなかったものは、みな抜き取られるであろう。（マタイによる福音書／一五章一三節）

教会史家は長く続いたものほど、正当で真理かのように言う。だが聖書に書かれている真理は復活である。神は終わりに初めを回復すると言われる。

確かに、エリヤがきて、万事を元どおりに改めるであろう。（マタイによる福音書／一七章一一節）

さあ、わたしたちは主に帰ろう。………主はふつかの後、わたしたちを生かし、三日目にわたしたちを立たせられる。わたしたちはみ前で生きる。………主はあしたの光のように必ず現れいで、冬の雨のように、わたしたちに臨み、春の雨のように地を潤される。（ホセア書／六章一～三節）

「主は朝の光のように必ず現れる」即ちイエスが再び来たる。その時には使徒行伝にある通りの教会が回復される。

その天よりのエネルギーの投与は「春の雨」である。中東のユダヤでは、麦が収穫期に豊かに稔るように雨が降る。それと同じように人間の収穫が近づくと、天より神は自己の分身である聖霊を注がれる。すると使徒行伝二章の初めにあるように、習ったことも聞いたこともない異国の言葉で神を讃美するようになる。そしてイエスの御名による洗礼が復活し、「終りの時には、わたしの霊をすべての人に注ごう（使徒行伝／二章一七節）」との預言の通り、聖霊がイエスを信じるすべての人に注がれる。そうした使徒時代に起こったすべてのことが起こり、初めてキリストは来るのである。

それは使徒時代より二日の後、即ちおよそ二千年後であろう。今世紀の初めこの異国の言葉（異言）を語る人々が現れ、「このかたは、聖霊と火とによっておまえたちにバプテスマをお授けになるであろう。また箕を手に持って、打ち場の麦をふるい分け、麦は倉に納め、からは消えない火で焼き捨てるであろう」とのヨハネ即ちエリヤの預言の通りのことが起こり始めたのである。これこそ人間の収穫が近い証拠であろう。

だが一方でエホバの証人が現れ、コリント人への第一の手紙一三章八節の「異言はやみ」という言葉を捉えて「それは使徒時代だけの現象だ」と言う。だがこれは「全きものが来る時には、部分的なものはすたれる」というすぐ後の一〇節の言葉を無視している。全きもの即ちキリストはまだ来ていないのだから、異言を語っても聖書の通りであるはず。

だが彼らは、それは「悪霊のしわざだ」と言う。こうして全く正しいはずの人々が永遠に許されない「聖霊を汚す罪（マルコによる福音書／三章二九節より要約）」を犯すのである。

＊エホバの証人、聖書あるいは本書についての問い合わせは、左記へ

〒675―0043 兵庫県加古川市西神吉町中西二三八―七

電話（〇七九四）三二―八三五五

牧師　内藤正俊

内藤　正俊（ないとう まさとし）

1945年、兵庫県生まれ。67年、キリスト教に入信。69年、日本大学卒業（哲学専攻）。現在、加古川市の宝殿イエス教会および北大阪イエス教会の牧師。著書に『バイブル大予言』『大悪魔祓師イエス・キリスト』『反・気くばりのすすめ』『国富みて心貧しく』（潮文社）、『キリストと核戦争』（かんき出版）、『この予言を封じておけ』『懺悔書』(リヨン社)、『科学と宗教―その本質的違いと関係の解明』『聖霊による洗礼―今も変わらない神の恵みと賜物』（風詠社）がある。

エホバの証人（ものみの塔）　輸血拒否宗教、その狂気の構造

2024年2月20日　第1刷発行

著　者　内藤正俊
発行人　大杉　剛
発行所　株式会社 風詠社
〒553-0001 大阪市福島区海老江 5-2-2
大拓ビル 5 - 7 階
Tel 06（6136）8657　https://fueisha.com/
発売元　株式会社 星雲社
（共同出版社・流通責任出版社）
〒112-0005 東京都文京区水道 1-3-30
Tel 03（3868）3275
装幀　2 DAY

ISBN978-4-434-33200-5 C0014